中国社会语言学

2012年第1期（总第18期）

《中国社会语言学》编委会编

2013年·北京

图书在版编目(CIP)数据

中国社会语言学. 2012 年第 1 期:总第 18 期/《中国社会语言学》编委会编. —北京:商务印书馆,2013
ISBN 978-7-100-09828-1

I. ①中… II. ①中… III. ①社会语言学—中国—文集 IV. ①H1-53

中国版本图书馆 CIP 数据核字(2013)第 035043 号

ZHŌNGGUÓ SHÈHUÌ YǓYÁNXUÉ
中国社会语言学
2012 年第 1 期(总第 18 期)
《中国社会语言学》编委会编

商 务 印 书 馆 出 版
(北京王府井大街36号 邮政编码 100710)
商 务 印 书 馆 发 行
北京瑞古冠中印刷厂印刷
ISBN 978-7-100-09828-1

2013 年 7 月第 1 版 开本 787×1092 1/16
2013 年 7 月北京第 1 次印刷 印张 8
定价: 18.00 元

目　录

CONTENTS

香港《星岛日报》广告文本变迁再分析

吴东英　林敏奋

提要　本研究基于吴东英、钟美琼(2004)的研究框架,结合当代传播学和当代语言学的科学分析方法,追踪分析21世纪以来香港中文报刊《星岛日报》广告文本的特点、变化和发展。研究发现:回归10周年至15周年间,香港中文广告进一步体现多语、多文化社会的特征,具体表现在广告主题与20世纪相比,更着重强调具象征意义的价值,强调现代化和西化的价值取向,如“独特”“享乐”“自我实现”等价值;广告语言呈现更多的感染性,使用纯英文,口语、通俗的表达与文雅词藻、句式的糅合现象尤为明显。文章最后详细分析了香港广告文本的变迁与经济、文化全球化发展变化的联系。

关键词　全球化;定量分析;广告语言;香港《星岛日报》

1. 引言

广告是商品经济社会不可或缺的商业交流活动。“广告不只是单纯地希望把商品销售出去的一项商业活动,而且是构成现代文化不可或缺的一部分。广告创作应用并转化许多文化的象征和概念”(Leiss, Kline & Jhally 1990: 5)。因此,广告是文化的重要组成部分,承载并反映着文化。作为社会文化的产物,广告及时反映出各种社会现象,是消费观念在社会发展变迁中的渗透、反映与折射。经济和文化的发展都离不开语言,任何经济规则和理念都是通过语言文本而存在和实现的。语言作为人们交流活动中内涵丰富、使用便捷的符号系统之一,成为广告的一个重要表达手段;广告语言是广告的核心内容,它蕴含并反映着社会经济文化。因此,广告的语言修辞、广告的文本创作与社会文化有着非常紧密的联系。

在市场经济背景下,广告与社会文化形成互动关系:一方面广告受到特定的社会文化的影响,广告成为社会文化的一面镜子;另一方面,广告作为一种文化形式,倡导和引领时尚潮流,对整个社会文化体系产生影响。吴东英、钟美琼(2004)通过对20世纪50年代和80年代的香港广告文本与社会变迁的考察和定量分析比较,指出这两个年代分别代表了香港最贫穷和最富有的时期，是香港社会经济历史上两个重要的里程碑，因此，两个年代的广告文本的变迁与其社会经济文化有着非常密切的联系。在经历了主权移交的“世纪大事件”后进入 21 世纪，香港又先后经历了金融风暴、经济结构转型，2012 年又正值“回归 15 周年”，与 20 世纪相比，其所处的经济环境及其经济形态已经大大不同。而经济环境的不同和变化，反映在广告中又有何表现？因此，本研究旨在追踪考察 21 世纪以来，香港《星岛日报》广告文本的变化，进一步探讨香港广告文本的变迁与其社会经济发展的关系。

2. 本研究的目的和方法

2.1 研究目的

本研究在吴东英、钟美琼(2004)考察和分析的基础上，追踪考察 21 世纪香港中文报刊广告文本的特征，进一步分析广告文本的变迁与其所处的社会经济文化的联系，希望能为当今中国修辞学、文体学的学科发展提供更多的启示。

本研究的具体问题包括宏观及微观方面：1)宏观方面，我们想了解香港中文报刊广告于回归 10 至 15 周年这 5 年间在广告主题设计方面有什么特征？香港广告主题的变迁与其所处的社会经济文化有什么联系？2)微观方面，我们想了解香港中文报刊广告于 2007—2012 年在感染消费者的语言特征和辞格运用方面有什么特点？香港广告语言特征的变迁与其所处的社会经济文化有什么联系？

2.2 研究框架

笔者认为，为了更好地研究广告文本的变迁与所处年代的社会文化环境，我们需要结合传播学的宏观分析视角与语言学的微观分析视角。宏观方面，考察广告主题的框架主要是根据波利(Pollay，1983) 的研究框架，分析广告主题的价值取向(吴东英、钟美琼，2004)。

本研究一共考察 22 个价值取向(见表 1)。在这 21 个广告主题的价值取向当中，15 个直接取自吴东英、钟美琼(2004)采用的测量框架，其他 7 个广告主题，即“险精神”“独特”“科技”“社会归属”“环保节能”“持久可靠”和“便利便捷”是目前 21 世纪语料较之 20 世纪 80 年代广告文本而增加的。

这 22 个广告的题材还可以进一步划分为两类：一类代表功利主义和实用价值，另一类代表享乐主义及其他象征性价值。功利主义/实用价值的广告主题价值取向强调产品实效的质量和产品自身的使用功能特点，包含“持久可靠”“效率”“经济”和“品质”；而象征性价值着重于“人的属性和目的”以及“社会模式和价值”，着重于产品所具有的社会意义，为产品拥有者带来的社会形象，例如“美丽”“独特”“自我实现”“冒险精神”“社会归属”“社会地位”和“享乐”等(Chan & McNeal，2004)。换言之，实用价值取向突出产品或服务能为产品拥有者提供何使用价值；而象征性价值取向更关心的是产品或服务意味着什么社会形象。

表1　广告主题价值取向的定义和阐释

主题价值取向	定义和阐释	广告例子	样本日期
冒险精神	强调拥有者面对挑战，具有勇敢和大无畏的精神	无忧，勇往直前。（现代汽车广告）	2012年3月23日
独特	强调产品的独特性，并使产品拥有者与众不同	独一无二，临海低密度大宅。（天赋海湾房产广告）	2012年3月4日
科技	强调产品的制作工艺或产品本身科技含量高	I AM PUSHING THE LIMITS！我具有51点自动对焦系统，更可运用D-movie于30p/25p/24p不同规格下进行1080p全高清摄录，并支持以太网络，为捕捉超凡影像做好万全准备。我，一切就绪。（NIKON相机广告）	2012年3月22日
自我实现	强调产品为其拥有者带来成就感和自豪感特质	领前瞻，驾驭万千仰慕；一切就在掌握，尽显性格与自信风范！（BENZ汽车广告）	2012年4月21日
社会归属	强调产品拥有者可以被社会成员所喜爱和仰慕	雄踞半山之上，打造傲视群雄的超凡气势。（傲庭峰房产广告）	2012年3月10日
环保节能	强调产品的绿色环保和节约能量的特点	为环保科技定立全新标准，将卓越操控、高效节能，与低碳排放完美结合。（BMW汽车广告）	2012年3月3日
持久可靠	说明产品质量的永久性、稳定可靠性和持久性	华丽艳光，拥抱永恒。焕发内在光芒，演绎永恒美态。糅合传统制表工艺及珠宝镶嵌技术，独特弧形线条新颖设计，精工镶嵌，VVS顶级钻石，细腻地将迷人雅致重新演绎。真正的美源自内心，永垂不朽。（宝齐莱Carl F. Bucherer手表）	2011年12月5日
便捷便利	强调产品的便捷多功能和便利获取的特征	＄1机价拎走，仲唔快啲带我返屋企！（全新eye家居平板计算机广告）	2012年3月23日
美丽	强调产品的美观以及装饰作用。	KAWAI EC美肌维他命，Keep住每日健康啲，白里透红啲。令你白里透红，成就健康承诺。（KAWAI EC美肌维他命药品广告）	2012年3月22日
经济	强调产品的价钱便宜/合理，节省成本，符合经济性原则	世界最大级特大天幕，举家共享；SPACE STEP UP！同级最大车厢空间；PACKAGE STEP UP！同级最大世界级特大天幕，为全家人营造超阔开扬感；FUEL ECONOMY STEP UP！节油表现进一步改良，创造同级最慳油绝佳油耗表现，投入绿色驾驶。全新2010 STEPWGN，势必成为全家最爱的No. 1家庭车，请即亲临各大本田陈列室参观选购！（HONDA汽车广告）	2010年1月2日

（续表）

主题价值取向	定义和阐释	广告例子	样本日期
效率	强调产品的功用，功能强大，高效率	再次带领机械表到达一个更优秀的新领域，达到时尚最严谨的 Grand Seiko 检测标准，实在是高精准度和高品质的完美结合，更为耐用，耐冲击性，更多能量。（SEIKO 手表广告）	2011 年 12 月 9 日
享乐	强调产品的使用能令其拥有者享受个中的乐趣	水声淙淙，阳光灿烂，ONE MADISON 完美演绎大都会有限生活；设计时尚的园林水世界，处处尽显绿化概念；回家细听潺潺水声，享受片刻悠闲恬静。（ONE MADISON 房产广告）	2010 年 1 月 2 日
家庭	强调产品的使用能为拥有者增添家庭生活的乐趣	一家同乐，一家共享快乐时光@Festival Alliance。（极尚盛世广告）	2011 年 12 月 20 日
健康	强调产品的使用有助改善体质的特点	补充钙质，人生充满朝气。体格健康，享受人生！4 粒含 1 杯牛奶钙质，每日 4 粒，保持骨骼强健！补钙护眼，健康更全面！日本销量冠。（KAWAI 药品广告）	2007 年 7 月 6 日
爱意	强调产品能令其拥有者感受到他人（包括广告商）对自己的关爱	随时守护住我，先值得托付终生，就系呢种健康嘅承诺。（KAWAI EC 美肌维他命广告） 满足不同喜好的你。（Volkswagen 汽车广告）	2012 年 3 月 22 日
摩登	强调产品具创新、符合现代性的特征	智极速，首度曝光。全港首部 4G 智能手机带来影院级观赏感受。（HTC Velocity 4G 手机广告）	2012 年 2 月 28 日
流行	强调产品知名度高，受到广泛的支持和爱戴	学界地位 No. 1 投影机，灯泡寿命持久，菜单表现突出，深受学界欢迎，稳占冠军地位。（EPSON 投影机电子产品广告）	2007 年 7 月 9 日
品质	强调产品具有卓越的功能或耐用的特色	时针在技术造诣及艺术美感方面都臻至完美。（百达翡丽手表广告）	2012 年 3 月 14 日
安全	强调产品安全、可靠的特点	If you wish to advance into the infinite, explore the finite in all directions. 领先之见，傲视无限。Audi 坚持革新理念，A8 旗舰系列，集尖端科技，实现尊贵座驾典范。Audi Space Frame 奥迪铝合金车架，科技先驱，操控、安全，顶级层次，quatto 恒久式四轮擎动系统，稳定行车，昂首阔步，唯先见之明，实时成为 Audi A8 尊贵车主，独具非凡礼遇！（Audi A8 汽车广告）	2007 年 7 月 9 日

（续表）

主题价值取向	定义和阐释	广告例子	样本日期
社会地位	强调产品的使用象征其拥有者在社会上享有较高的地位	Captain 点止得一个？新一代 FREED，人人发号施令！坐上 FREED，人人荣升 Captain，享受非一般驾乘体验！（HONDA 汽车广告）	2012 年 3 月 10 日
经典	强调产品累积多年的声誉，经典、历史悠久，具有传奇色彩的品牌传承历史	源于二十年代经典腕表世系，劳力士王子型超然脱俗的身影，处处是精品美学与精密工艺融合无间的见证。经典的长方表壳，背面配以透视设计，让长方机芯摆动的和谐美感，前后互相辉映，品味创新演绎。四款匠心锤炼的型号，包括 18CT 白金、黄金及永恒玫瑰金，各具独特个性，却都掩不住王族血统。（ROLEX 手表广告）	2007 年 8 月 19 日
西式	强调产品具有西方的特色	系出名门，演绎欧洲设计；驾驭 随心所欲；无忧 勇往直前；享受 舒适写意。全新 i40 轿车及旅行车瞩目登场！糅合欧洲豪华房车精粹，处处散发慑人魅力，风范卓越，成就非凡之选。（韩国现代汽车广告）	2012 年 3 月 23 日

微观方面，本研究考察了 13 个香港广告中具感染性的语言特征和修辞方式（见表 2）。吴东英、钟美琼（2004）考察的广告语言特征为 12 个，包括：夸张词语的使用、文艺语言的使用（如：拟人化表达、文艺化句式及文雅词藻）、口语化特征（如：通俗押韵、疑问句、感叹句、祈使句以及第一和第二人称代词的使用）、粤语入文、日常口语句式入文和中英文夹杂等语言特征的使用。本研究还加入了纯英文的使用，为 21 世纪广告语料新增的感染性语言特征。

表 2　感染消费者语言特征的阐释

语言特征	语言特征阐释	广告样本	样本日期
夸张	夸张词语的使用	全港最大空中花园，殿堂级顶尖品牌配套，最显赫华贵。（深湾 9 号房产广告）	2012 年 3 月 3 日
中英混合	中文和英文的混合使用	崭新精品洋房式生活 Boutique House Style Living。（深湾畔房产广告）	2007 年 7 月 7 日
纯英文使用	文本中纯英文的大量使用	NEVER STOP DISCOVERING! Now there's no more reason for you to stop discovering。（LANDROVER 汽车广告）	2012 年 3 月 10 日
粤语入文	广东话的使用	永亨“税亨通”，凭住无比“勇气”同坚定嘅精神，誓要坚持“全港最低利息保证”，无论人哋批核利息有几低，再打八折俾你！（永亨银行信用财务）	2011 年 11 月 23 日

（续表）

语言特征	语言特征阐释	广告样本	样本日期
口语入文	口语化句式，粤语口语的使用	＄1 机价拎走，仲唔快啲带我返屋企！（全新 eye 家居平板计算机广告）	2012 年 3 月 23 日
疑问句式	问句的使用	Captain 点止得一个？（HONDA 汽车广告）	2012 年 3 月 10 日
感叹句式	感叹句的使用	奢豪、拥有，岂能满足您对永恒品味的追求！（翠峦房产广告）	2007 年 8 月 10 日
祈使句式	祈使句的使用	现在，何不亲临试驾，体现生活无限可能！（Audi A4 汽车广告）	2012 年 3 月 15 日
第一人称	第一人称代词的使用	随时守护住我，先值得托付终生，就系呢种健康嘅承诺。（KAWAI EC 美肌维他命广告）	2012 年 3 月 22 日
第二人称	第二人称代词的使用	Samsung 与 Google 携手打造第一部 Android 4.0 智能手机，由你领先拥有。（SAMSUNG GALAXY NEXUS 手机广告）	2012 年 3 月 15 日
押韵	押韵的使用	今秋干燥唔使惊，补水保湿一粒掂！（阪圣纯羊胎素药品广告）	2012 年 2 月 24 日
文艺化句式	文艺化句式（如对偶句及排比句）的使用	华丽艳光，拥抱永恒。焕发内在光芒，演绎永恒美态。糅合传统制表工艺及珠宝镶嵌技术，独特弧形线条新颖设计，精工镶嵌，VVS 顶级钻石，细腻地将迷人雅致重新演绎。真正的美源自内心，永垂不朽。（宝齐莱 Carl F. Bucherer 手表广告）	2011 年 12 月 5 日
文雅词藻	文雅词藻的使用	前后互相辉映，品味创新演绎。（ROLEX 腕表广告）	2007 年 8 月 19 日
拟人化	以人的特质比拟产品	I AM PUSHING THE LIMITS。I AM THE NIKON D4. 我配备高感光 1,620 万像素 FX CMOS 感应器……为捕捉超凡影像做好万全准备。我，一切就绪。（NIKON 相机广告）	2012 年 3 月 22 日

2.3　研究样本和定量分析法

吴东英、钟美琼（2004）研究所采用的语料来自香港历史最悠久的报纸——《星岛日报》，其发行量一直保持良好，在香港 20 世纪 50 年代和 80 年代期间都有很好的销售量（冼日明、游汉明，1986：10；黄少仪，1999：5）。本研究是基于上述研究，因此依然采用《星岛日报》作为语料来源。《星岛日报》将自己定位标榜为“最受欢迎的中产家庭报章”，标榜面对的读者对象是“知识分子”（钟大年，2002：112），其刊登的广告具有一定质量和代表性。

香港回归 10 周年至 15 周年这 5 年间《星岛日报》广告文本，为本研究的语料考察对象。根据对本研究所收集的 2007 年 7 月 1 日至 2012 年 6 月 30 日广告类别数量的统计，金融理财、药品、手表、电子、房产、培训增值、汽车、服饰、食品和旅游产品，为《星岛日报》广告的主要产品类别（见表3）。但由于食品和旅游产品广告，大多只提供价格信息，而匮乏文本，因此不列入本研究的考察范围。

表3　《星岛日报》广告主要产品类别数量总表

产品类别	房产	金融理财	电子	培训增值	药品	汽车	手表	服饰	总计
篇数	4452	1372	1260	1232	728	672	308	92	10116
百分比(%)	44	13.56	12.46	12.18	7.19	6.64	3.04	0.90	100

由表3可以看出，在2007年7月1日至2012年6月30日期间，广告数量位居前三的产品类别分别为：房产(44%)、金融理财产品服务(13.56%)、电子(12.45%)，紧随其后的分别是培训增值、药品、汽车和手表，服饰的广告数量比例最低(0.90%)。21世纪经济和社会的发展，导致消费者生活方式的改变。20世纪50年代和80年代的生活必需品（如食品、衣服和药品等）的广告数量显著减少。消费者已经不再满足于温饱，而是选择将多余的个人储蓄用于更多的长线投资，房产和金融理财产品就成为投资的首选。而在信息高速发展的21世纪(E时代)，对于消费者来说，无论是商务沟通，还是休闲放松，电子电讯产品的需要也相应成倍增加。当今社会的激烈竞争，与日俱增的就业压力，为培训增值提供了广阔繁荣的市场。随着21世纪医疗技术和医疗设备的不断进步，药品的广告数量下降，并且广告样本中出现的药品类别也发生了本质的变化。

由此，本研究从2007年7月1日至2012年6月30日每年每一季度各选择上述八个产品类别的广告（即：1则广告×8产品类别×4季度×5年＝160则广告）；吴东英、钟美琼(2004)收集的广告样本包括“衣服和药品（生活必需品）”以及“手表和汽车（奢侈品）”。而本研究不再对广告类别进行生活必需品和奢侈品的分类。其原因在于：21世纪的药品广告，以增加使用者的美态、纤体，提高身体机能、强身健体的功效为主要卖点，与20世纪50年代与20世纪80年代治病救人的药品有很大差别；21世纪广告样本中，衣服广告数量甚少，多以GUCCI等国际知名奢侈品牌的服装鞋包饰品（下统称为服饰）推广宣传为主，因此不适合再将服饰广告列入生活必需品范畴；汽车，在如今也成为家庭的必备代步工具，手表亦不再是富人专享，不能简单以奢侈品定位。

3．研究结果分析

3.1　21世纪广告主题的价值取向

表4显示了21世纪广告主题价值取向的使用频率。从表4，我们可以看出21世纪广告中最常使用的广告主题是“独特”“自我实现”“社会归属”“社会地位”等象征价值以及“效率”“品质”等实用价值。与吴东英、钟美琼(2004)所考察的20世纪香港广告相比较，我们可以观察到，21世纪的香港广告新增加了7个价值取向，即“独特”“社会归属”“冒险精神”及“科技”等象

征性价值取向,“环保节能”“便捷便利”和“持久可靠”等实用价值取向。

表 4　21 世纪广告主题价值取向的使用频率统计表

广告价值取向	数量	百分比(%)	广告价值取向	数量	百分比(%)
冒险精神	7	4.37	享乐	34	21.25
独特	52	32.5	家庭	6	3.75
科技	26	16.25	健康	17	10.62
自我实现	49	30.62	爱意	12	7.5
社会归属	19	30.4	摩登	24	15
持久可靠	8	12.80	流行	15	9.37
环保节能	11	6.25	品质	47	29.76
便捷便利	9	5.62	安全	23	14.37
美丽	19	11.87	社会地位	57	35.62
经济	26	16.25	经典	9	5.62
效率	43	26.87	西式	14	8.75

其余的 15 个价值取向,与吴东英、钟美琼(2004)所考察的 80 年代相比,使用频率上升显著的有“享乐”“自我实现”“健康”“爱意”“社会地位”“效率”。其中,“享乐”在吴、钟(2004)文中的考察使用频率仅仅占 9%,而 21 世纪则猛增至 21.25%;“自我实现”在吴、钟(2004)文中的考察使用频率仅占 18%,而 21 世纪则猛增至 30.62%。这两个广告价值取向的猛增,表现了现代社会中,社会经济的发展,使人的生活方式改变,人的生存需求也随之从温饱提升至感官愉悦和自身身份的提高上来。

与吴东英、钟美琼(2004)所考察的 80 年代相比,21 世纪广告主题变化不显著的是“家庭”。而“美丽”“经济”“摩登”“流行”“经典”和“西式”,则呈现数量下降的现象。“摩登”“流行”本来是 20 世纪 80 年代较常用的价值取向,分别占 35% 和 29% (详见吴东英、钟美琼,2004);但到了 21 世纪,这两个价值取向降至 15% 和 9.37%;而“经典”和“西式”也分别从 80 年代的 16% 和 28%,下降到 5.62% 和 8.75%。

表 5 显示在不同产品类别广告中各价值取向的使用频率。我们可以看到,21 世纪新出现的价值取向如“冒险精神”“独特”“科技”以及“环保节能”,很多时候出现在汽车广告中。而房产广告除了较多使用“独特”价值取向外,还更多地使用“自我实现”和“社会归属”;电子产品则由于自身产品特征,较多地强调“科技”和“享乐”的价值。另外,特别值得注意的是,与吴东英、钟美琼(2004)所考察的 80 年代相比,21 世纪药品和衣服产品的广告主题有很大的不同:21 世纪药品广告不再只是强调“效率”及“品质”,而是强调“独特”“美丽”和“健康”;21 世纪衣服广告不再只是强调“摩登”和“西式”,而是强调“独特”和“美丽”。

表5　按产品类别计算广告主题价值取向的使用频率(%)

主题价值取向	房产	金融理财	电子产品	培训增值	药品	汽车	手表	衣服
冒险精神	0	0	0	0	0	30	5	0
独特	40	10	30	15	65	80	0	85
科技	5	5	65	0	30	85	30	0
自我实现	65	10	0	0	0	30	20	15
社会归属	45	5	0	0	0	25	20	5
持久可靠	0	15	5	0	0	0	100	0
环保节能	5	0	5	0	0	100	0	0
便利便捷	35	10	60	10	40	0	0	0
美丽	0	0	0	0	75	5	20	100
经济	5	5	55	0	30	15	0	0
效用性	0	0	5	60	70	0	0	0
享乐	10	0	45	0	0	15	0	0
家庭	10	15	15	0	0	15	0	0
健康	0	0	0	0	100	0	0	0
爱意	25	25	15	20	15	60	35	15
摩登	10	0	15	0	5	45	35	30
流行	15	0	25	0	10	35	0	5
品质	5	15	5	40	15	10	100	0
安全	0	0	0	0	15	80	0	0
社会地位	20	0	0	0	0	10	5	5
经典	0	0	5	0	10	0	100	10
西式	3	0	0	0	30	15	85	85

3.2　21世纪广告语言特征的分析

表6显示了21世纪广告文本中具有感染性语言特征的使用频率。从表6,我们可以看到,21世纪广告语中最常使用的感染性语言特征为“夸张”“感叹句式”“文艺化句式”和“文雅词藻”。与吴东英、钟美琼(2004)所考察的20世纪香港广告相比较,我们可以观察到,广告语言方面呈现更多的感染性文体的特征:首先“纯英文使用”是21世纪新加入的具有感染性的语言特征,其使用频率为6.25%。感叹句和疑问句的使用比80年代也有大幅度的增加,“感叹句”在吴、钟(2004)文中的考察使用频率仅占15%,而21世纪则猛增至43.75%;“疑问句”在吴、钟(2004)文中的考察使用频率仅占4%,而21世纪则猛增至9.37%。另外,我们还可以观察到,在俗语使用(如粤语入文、通俗押韵)增加的同时,“文艺化句式”和“文雅词藻”也有上升的趋势:“通俗押韵”在吴、钟(2004)文中的考察使用频率仅占18%,而21世纪则增至20.62%;“文

艺化句式"在吴、钟(2004)文中的考察使用频率占36%,而21世纪则增至43.75%;"文雅词藻"在吴、钟(2004)文中的考察使用频率占31%,而21世纪则增至38.4%。

表 6　具有感染性语言特征的使用频率

语言特征	数量	使用频率(%)	语言特征	数量	使用频率(%)
纯英文的使用	10	6.25	祈使句	23	14.37
夸张	72	45.00	第一或第二人称	34	21.25
中英混合	35	21.87	通俗押韵	33	20.62
粤语入文	27	16.87	文艺化句式	70	43.75
疑问句	15	9.37	文雅词藻	24	38.40
感叹句	70	43.75	拟人化	17	10.62

注:由于一个广告样本使用不同的感染性语言特征,因此,上表中的语言特征使用频率的总和不等于100%。

表7是感染性语言特征在产品类别广告中的使用频率。

表 7　感染性语言特征在产品类别广告中的使用频率(%)

语言特征	房产	金融理财	电子产品	培训增值	药品	汽车	手表	衣服
纯英文使用	5	0	0	45	0	30	10	55
夸张	55	0	10	10	40	10	10	0
中英混合	30	5	35	35	20	45	40	35
粤语入文	5	15	20	5	15	0	0	15
疑问句	5	0	0	5	5	5	0	0
感叹句	30	10	40	5	15	35	15	0
祈使句	10	45	30	5	15	55	0	0
第一二人称	65	55	30	5	10	60	15	0
通俗押韵	10	15	10	0	10	5	0	0
文艺化句式	85	0	0	0	0	45	70	5
文雅词藻	65	0	0	0	0	40	65	5
拟人化	10	0	5	0	0	0	0	0

表7显示了感染性语言特征在不同产品类别广告中的使用情况。我们观察到,"中英混合"的语言特征,出现在所有产品类别的广告中,而"纯英文使用"主要出现在衣服、培训增值和汽车产品的广告中。根据吴东英、秦秀白、吴柏基(2004)的定义,口语化现象可包括粤语入文,疑问句,感叹句,祈使句,第一、第二人称代词以及通俗押韵的使用。我们因此可以看到,许多产品的广告如房产、金融理财、电子产品、药品和汽车产品都离不开使用这些口语化的表达;另外,房产、汽车和手表产品的广告还较多使用"文艺化句式"和"文雅词藻"。

4. 讨论：广告文本变迁与社会经济文化的联系

综上所述，回归10周年至15周年间，香港中文广告进一步体现多语、多文化社会的特征，广告文本的变迁具体表现在广告主题较20世纪的广告使用更多的价值取向，且更多地体现现代与传统价值取向的糅合，如现代化/西化的价值"独特""享乐""自我实现"与传统的价值"社会归属"、"社会地位"等的同时呈现。特别值得注意的是，进入21世纪，香港人的西方价值取向有进一步提高和上升的趋势。

21世纪香港广告文本的变迁还具体表现在广告语言方面较20世纪的广告使用更多的感染性文体的特点，且更多地体现雅俗共赏的现象。为了满足社会各阶层消费者的需要和喜好，广告语言在雅俗两方面都各有兼顾。纯英文、文雅词藻和文艺化句式的使用，是谓"雅"；另一方面，口语化、通俗押韵等"俗"的语言特征的使用频率也不断上升。另外，值得注意的是，"中英混杂"的语言特征，出现在所有产品类别的广告中。由此可见，回归中国10周年至15周年后，香港依然是一个"东西方文化融合的都市"(Wu & Chan, 2007)，香港越来越多地体现今天全球化大都市的特点：多语、多文化共存。

笔者深深体会到，广告文本的变迁，直接反映了所处年代的社会经济大环境。因此，研究分析广告文本的变迁必须结合宏观和微观方面的分析，这种宏观和微观方法的结合，不但使我们对21世纪香港广告文本的特点有更系统的考察和描述，而且对回归10周年后的香港社会、文化特点有更全面、更深刻的认识。

参考文献

黄少仪　1999　《广告文化生活I：香港报纸广告1945—1970》，乐文书店。

吴东英、钟美琼　2004　香港报刊广告文本的变迁：50年代与80年代，《中国社会语言学》第1期，101—112页。

吴东英、秦秀白、吴柏基　2004　香港报刊语言口语化的表现形式和功能，《当代语言学》第3期，248—256页。

冼日明、游汉明　1986　《广告在香港经济、社会、法律及管理层面之分析》，香港：大学出版印务公司。

Chan, K. and James U. McNeal. 2004. *Advertising to Children in China*. Hong Kong: The Chinese University Press.

Leiss, W., Kline, S. and Jhally, S. 1990. *Social communication in advertising: persons, products, and images of well being* (2nd ed.). Ontario: Nelson Canada.

Pollay, R. W. 1983. *Measuring the cultural values manifest in advertising*, *Current Issues and Research in Advertising*, 71—92.

Wu, D. and Chan, K. 2007. Multilingual mix in Hong Kong Advertising, pre— and post—1997, *Asian Journal of Communication*, 17(3): pp. 300—318.

Generic Changes in Hong Kong Print Advertisements: The Case of Sing Tao Daily

Wu Dongying and Lin Minfen

Abstract The study presents an updated investigation of the generic changes in Hong Kong print advertisements based on the framework by Wu & Chung (2004), incorporating the approach of content analysis in communication research with linguistic feature analysis, and examining the transformation of language and discursive practice in Hong Kong print advertisements between 2007 and 2012 (i. e., the year marking the 10th anniversary and the 15th anniversary of Hong Kong's Return to China respectively). The corpus of print advertisements for this study was based on and obtained from the well-known and popular Chinese newspaper in Hong Kong — Sing Tao Daily. It is found that the advertisements reflect a strong presence of the multilingual and multicultural characteristics of Hong Kong society today. An enhanced use of symbolic values, particularly the modern and western values such as "Uniqueness", "Enjoyment" and "Self-fulfillment" were found as the advertising themes in contemporary Hong Kong. Simultaneously, there was an escalating trend of using linguistic involvement and prevalent use of linguistic features such as pure English use, English mixed with Cantonese, and a combination of both oral and literary features in the Chinese print advertisements. Finally, the paper discusses the generic changes in Hong Kong print advertisements in relation to cultural globalization and the socio-economic transformation in Hong Kong society.

Keywords globalization; quantitative analysis; advertisements language; Sing Tao Daily

(吴东英、林敏奋 香港理工大学中文及双语学系)

湖南宁远平话的衰退*

李永新

提要　宁远平话是宁远县的第二大方言，与非平话交错分布。宁远平话受官话严重侵蚀，系统活力不足，当地人对官话过分依赖，使用平话的能力不强，使用平话的场合有限。宁远平话有从宁远交际活动中退出的趋势。

关键词　宁远平话；分布；方言活力；方言衰退

1. 引言

宁远县在湖南省南部，东邻新田、嘉禾、蓝山三县，南接江华瑶族自治县，西连道县、双牌县，北界祁阳县。总面积 2510.96 平方千米。宁远县四面环山，山丘面积占 62.78%（宁远县志编纂委员会，2007）。

宁远县居民以汉族为主，其次为瑶族，还有其他少数民族居民。境内汉语分官话、平话和土话。宁远官话属于西南官话，是县内通用语。土话则分布在太平镇、冷水镇等少数乡镇的少数村子。宁远平话使用人口 32 万，占全县总人口的 38.8%，是宁远第二大方言。周边各县的居民均不懂平话（不排除极个别人有意学习因而能懂），独特的地位使得平话成为在外地的宁远人相认的依据。

系统地研究宁远平话是从《宁远平话研究》（张晓勤，1999）开始的。宁远平话与宁远官话、宁远土话以及周边各县的方言均有较大的差异。目前，宁远平话的系属，宁远平话与广西平话以及湖南境内其他"平话"（如通道、寿雁平话）的关系还有不同的意见。

本文研究起因于"中国方言文化典藏"项目的调查。方言文化是"用特殊方言形式表达的具有地方特色的文化现象，包括地方名物、民俗活动、口彩禁忌、俗语谚语、民间文艺等"（曹志耘，2011）。根据《中国方言文化典藏调查手册》（曹志耘主编，未出版）调查宁远方言文化，我们共获得近 800 条方言文化语料。对这些语料进行整理的过程中，我们发现宁远平话有从宁远

* 感谢《中国社会语言学》匿名审稿专家提出的修改意见。文中如有错误，均由作者负责。

交际活动中退出的趋势，本文向学界报告宁远平话的现状。

2. 宁远平话镶嵌在官话中

宁远县有 17 个乡镇，除了棉花坪瑶族乡、荒塘瑶族乡，其他 15 个乡镇都分布有宁远平话。在这些乡镇中，宁远平话与宁远官话交错分布。

官话作为宁远的通用交际语，覆盖整个县境，可以说平话在地理分布上是镶嵌在官话中的。宁远官话、平话、土话都是以自然村为单位分布的，平话村与非平话村错杂分布。从全县来看，没有哪个镇的所有村都是说平话的。以中和镇为例，中和镇共有六万人口，分四个责任区，每个责任区都有讲平话的村子，也有只讲官话的村子，没有哪个责任区所辖的自然村都是平话村。麻田村讲平话，相邻的出水岩村讲官话，不讲平话。马鹿口、羊山头村讲平话，但其周边的中和上下街、白田都只讲官话，不讲平话。有一些讲平话的村子相连分布，但即使平话分布较大的一片，其中心地区的村子离讲官话的村子也不会有很大距离。砠脚自然村，是一个平话村。与它只一条公路之隔的红家坪自然村，沿公路往西一公里左右的新彰佳村，以及北面麻田村都是讲平话的村子。但砠脚自然村往东约一公里，是讲官话的出水岩村和枫木脚村。慕投责任区（原慕投乡）以平话为主，以慕投责任区的驻所慕投新村为中心，周围大型村子都是平话村，慕投老村、慕投新村、油榨屋、高子洞、老彰佳、和平村（原名库里）都是说平话的。但属于高子洞行政村的蒋家自然村，是只讲官话的村子。从慕投新村到高子洞蒋家，不超过两公里。老彰佳的东北约两公里，是属于中和责任区的周家，周家开始，往东往北都是讲官话的村子了。平话区的中心慕投新村到讲官话的周家也不过三公里。这些村子之间，有小溪、小山丘或者田地相隔，但这些小溪、小山丘，由于其小，并不能阻隔村民之间来往。

一些讲平话的村子，被不讲平话的自然村包围。中和镇东塘自然村，东北部是山丘，往东一公里和两公里分别是水落脚自然村、小桃园自然村和大桃园村，往南五百米是段家村，往西约 1.5 公里是中和上街和下街村，这些村都是讲官话的。东塘村就被只讲官话的村子包围着。平话的分布见附图。

3. 宁远平话仅在部分场合使用

《宁远平话研究》（张晓勤，1999）以及一些相关论著，介绍了宁远平话的使用情况。一般认为对内使用平话，对外使用官话（李永明，1988；张晓勤，1999）。宁远县官话、平话、土话并存。持平话的居民一般都会使用官话，但说官话的居民，则不一定懂得平话。所以在与不懂平话的人交流时，持平话者都会主动使用官话与对方交流。从使用的场合来看，平话家庭内部一般使用平话，从官话村嫁入的媳妇，一般很快学会并使用平话。现在也有一些家庭迁就媳妇，与媳妇用官话交流，官话媳妇生的孩子，用官话与母亲交流，用平话与其他家庭成员交流。平话村的村民之间交流一般用平话。如果集市建在平话区，集市上使用的方言一般是平话，如慕投市场；集市建在官话区，集市上使用的语言一般是官话，如中和市场。不过这只是从主流情况来

附图：宁远方言分布图

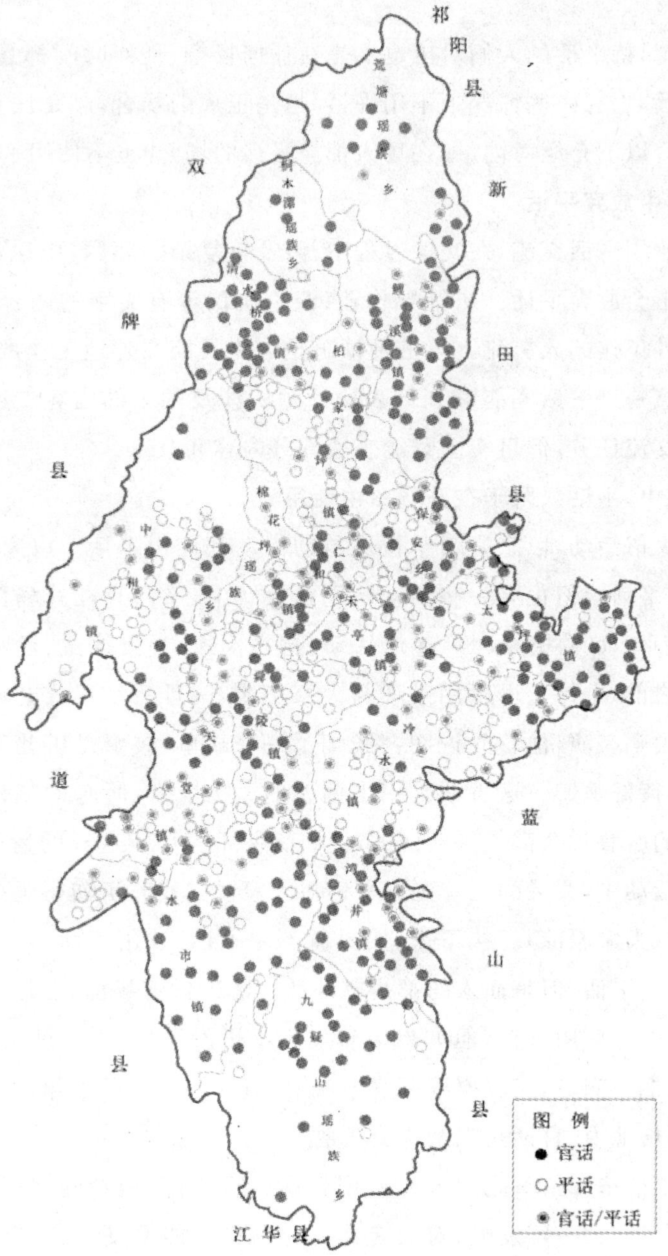

注：宁远共有687个行政村，附图中描写了其中的636个行政村。附图主要标注平话和官话的分布，没有标注土话和瑶语的分布。宁远官话覆盖全县，图中“官话”表示该行政村的村民说官话，不说平话。“平话”表示该行政村的村民说平话，但同时也会说官话。“官话/平话”表示该行政村有的自然村只说官话，有的自然村说平话，同时会说官话。

说的，其实，农村市场的方言不是单一的，有官话，也有平话。使用平话还是官话，主要看交流的对象。

我们调查时发现，持平话的人们对内也不是在任何场合、任何时间都是使用平话。即使在场的所有人都懂平话，也有一些情况下不用平话，越是正规的场合，越是庄重严肃的讲话，使用平话的比例就越小。以下介绍对内（即在场人都懂平话的场合）也不使用平话的情况。

3.1　交流过程中放弃平话

两个平话人开始用平话交流，在交谈过程中，涉及较复杂的问题，中途就会放弃平话，改用官话。在如下情况下会放弃平话：一、辅导作业、谈论协议等有文字的内容；二、谈论不熟悉的工作；三、与长期在外工作的人交流。第三种情况是因为长期在外地工作的人对平话不熟练所致。前两种情况显然是用平话不能顺利地表达话题所涉及的全部内容。这说明，平话虽然能完成日常生活中的交流任务，但事实上只能表达部分内容和意思。

3.2　一些活动中，平话只限于在开场白中使用

平话区有许多民俗活动，以家庭为单位进行的活动都使用平话。以家族或者村子为单位的活动，一般也使用平话。但也有一些活动特别是仪式中，平话只在开场白中使用，活动正式开始后就不再用平话。如看相算命等迷信活动、婚丧仪式、上梁仪式、说唱表演、上课和开会等。这些活动开始之前，主持人可以用平话与大家交流，一旦活动正式开始，就改用官话。我们录制一个艺人的说唱表演，他首先说明："我编了一个故事，故事是讲儿子要出去打工，劝他爹爹在家种好烤烟，待好媳妇。"这番话是用平话说的。接下来，所有的唱说都不用平话，而用官话。艺人和在场的所有听众都是平话区的，能熟练使用平话。这样的情况，当地没有人觉得奇怪。在一个丧事活动中，哭灵的人首先用平话对大家说："我昨工勿得睡好（昨天没睡好），嗓音勿大，大起量大点（大家原谅）。"接下来，哭灵就不用平话，改用官话。当然在这些活动过程中，偶尔也会插入一些平话，但是插入的都是题外话。法师做道场前，会用平话说一些客套话，之后的说唱过程中，一直使用官话，但如果突然发现孝子没有配合好，就会用平话提醒，如"跟着我转（跟着我绕灵柩走圈）"，接着继续用官话说唱。这时，平话是说给孝子听的，官话是唱给在场所有人听的（严格地说，官话是唱给神灵听的）。

宁远酒席上常常猜拳。猜拳之前大家使用平话进行交流，包括确定猜拳的规则等。但一旦猜拳开始就不用平话。"一定发财、对门有喜、三多财宝、四季发财、高升、七彩、八发、九长"等猜拳用语，都用官话。这种转换，大家毫无不自然的感觉。以下是其中的一小段（黑体为平话）：

"轮到我两人了。来。拳，兄弟好……"

luã^{24} tie^{33} io^{55} lĩ^{55} ŋ^{24} lie^{21} 。la^{24} 。tɕʰyã^{21} ，ɕiõ^{33} ti^{24} xɔ^{55} ……

3.3　多数谚语不用平话吟说

常见的一些谚语，不用平话吟说。如以下俗语：

月亮生毛，大雨浮浮；月亮背枷，干死草花。

东打日头西打风，南打北打大雨空。

立秋十八雨，漏秋十八干。

雷公叫呵呵，有雨也不多。

有雨天边亮，无雨顶上天。

前啄金，后啄银。

这些俗语，如果用平话来说，声韵也很和谐。如第一句的“毛”和“浮”，平话的韵母都是[ie]，平话“枷”和“花”的韵母都是[o]，但平话区的人都不用平话吟说这些谚语。

此外，宁远巫文化很发达，据我们了解，咒语都不用平话而用官话来念的。在平话区，我们有幸收集到的驱蚊咒语：“五月端午节，蚊虫外面歇，你在树林吃露水，不到屋里吃人血。”这个咒语就是用官话来念的（宁远蚊子多，传说懂咒语的人，可以把蚊子聚集到屋外，晚上睡觉时不用关蚊帐）。

3.4 部分人放弃平话

平话一般按村子分布，一个村子要么所有人都说平话，要么所有人都只说官话或者兼说土话，不说平话。这是原来的情况。现在，一些平话村已经有部分人放弃平话，改说官话。据调查，宁远县永安的一些村子，60 岁以上的人说平话，但 40 岁以下的人基本说官话。平田原来是个讲平话的大的自然村落，现在很多人不说平话，特别是新世纪出生的人大多数不说平话。宁远县中和镇东塘自然村，新世纪出生的人已经不说平话。还有些村子已经集体放弃了平话。与东塘自然村相邻的水落脚自然村，20 世纪 60 年代前出生的人一般讲平话，但现在整个村子成了官话村。大界、山林塘村，20 世纪七八十年代还是说平话的村子，现在几乎没有人说平话。20 世纪出版的《宁远平话研究》统计，宁远讲平话的人口为 34 万，占全县人口的 50.8%，时间才过去 20 年，虽然还有 32 万人讲平话，但讲平话的人只占全县总人口的 38.8%。

4. 方言系统受官话侵蚀严重，活力不足

4.1 受官话侵蚀严重

平话与官话朝夕相处，受到了官话深度的侵蚀。

首先，一些不协调的语音进入平话。根据张晓勤《宁远平话研究》以及我们的研究，[uē][oŋ]、[ioŋ]是平话没有的韵母。我们调查发现，官话的“尿桶”[liɔ^{35} tʰiã^{33}]，“蕹菜”[oŋ^{24}tsʰɛ^{33}]，“跳绳”[tʰiɔ^{24}suē^{21}]，“鸟崽粑粑”[liɔ^{55}tsɛ^{55} pa^{33}pa^{33}]，“撩盘”[liɔ^{21}pã^{21}]，“拱门”[koŋ^{55} mẽ^{21}]，“缝纫机”[xoŋ^{21}iẽ^{33}tsɿ^{33}]，“拱拱形（二胡）”[koŋ^{55}koŋ^{55}ɕiẽ^{21}]，“弹弓”[tʰã^{21}koŋ^{33}]等词语进入平话后，把不属于平话系统的[uē]、[oŋ]、[ioŋ]等语音也带了进来。平话音系中没有[uē]、[oŋ]、[ioŋ]，借用官话词语时，应该把它们改造成自己系统中与之接近的语音如[ə̃]或者[iē]。平话对官话音不加改造地引进，就可能导致语音系统变得比较凌乱。

其次，大量的官话词语直接进入平话。平话的“平房、水泥板、格子（窗子）、飘窗、风箱、茶

几、懒人床、蒲团、藤椅、驮篮、背篓、背带、缝纫机”等大批词语都是来自官话的借词。有些词语,反映的是新生事物、新概念。由于平话中原来没有相应的词语,便从官话中不加改造地直接拿过来,形成官话的借词,如“缝纫机”。但是更多情况是,平话原来就有相应的词语,却逐渐被官话词语所取代。“窗子、茶几、懒人床、蒲团、藤椅、驮篮、背篓、背带”是宁远常见的事物,是历史上很早就存在的事物,虽然缺乏宁远平话的历史资料,但从常理上判断,平话应该有相应的词语。现在采用官话的借词,应该是平话原来的词语被官话词语取代了。不论是替代还是因为空缺而借用,过多的官话借词,造成平话的词汇系统性降低,部分词语之间在语言形式上的联系中断。如平话的“枣粒”(枣子)、“苦粒”(苦瓜),有共同的词素“粒”,但官话“枣子”和“苦瓜”没有共同的词素。如果平话借用官话的“枣子”和“苦瓜”或者其中任意一个,“枣子”和“苦瓜”在语言形式上的联系就中断了。平话的锅铲用“豆腐锹”来指称,与“豆腐”有联系,但如果采用官话“铲锹”,锅铲和豆腐之间的联系就被掩盖。

第三,平话词汇逐渐与官话趋同。平话与官话有不同的历史,用词方面应该各有特色,如官话的“回”,平话用“归”表达;官话的“饼药”,平话说成“饼子”。与官话的“南瓜、耍(玩)、熬稀饭”对应的平话词为“北瓜、□□[$ts^{h}u\varepsilon^{24}$ $t\text{ɕ}^{h}io^{21}$]、煲粥饭”。但是,现在平话中与官话截然不同的词语,数量很少。我们调查的 800 多个条目中,平话与官话截然不同的词语只有 70 多条,其他词汇完全相同,只是语音形式不同而已。现在平话的词汇与官话相同,是受官话侵蚀的结果。这一点,可以从老年人和青年人的词汇不同略见一斑。现在年轻人说“一双鞋子”的“双”[$s\tilde{e}^{35}$]、“一碗饭”的“碗”[$y\tilde{e}^{33}$]、“跨”[$t\text{ɕ}^{h}ia^{24}$],与官话的“双、碗、跨”同源,它们的声调分别为阴平、上声和阳平;但老年人则分别说成[$t\text{ɕ}^{h}ie^{21}$]、[$l\text{ə}u^{213}$]、[$t\text{ɕ}^{h}io^{21}$],调值分别为阳去、入声和阳去。根据平话语音的古今对应规律推测,老年人平话中的这几个词与官话的“双、碗、跨”不同源。现在多数平话人说的“茅厕”,在老年人的平话中还有“屎坑”的形式。表达相同的概念,老年人的词汇中有一批与官话不同源的词,这一点与青年人不同。青年一代的平话词汇与官话趋同,就会导致平话的特色逐渐消失。

4.2　语言系统活力不足

首先,宁远平话词汇比较贫乏。宁远平话区有许多有物无名的现象。“楼房,单排房,四合院,吊脚楼,屋脊,五脊六兽,坡顶、平顶房屋,茅棚式、房屋式、缸式、坑式厕所,村口、街上的牌坊,独木桥,屋檐下的、田间的、竹子的、木头的笕,八仙桌,太师椅,男式、女式、小孩的鞋子,两头带垂钩的扁担,剃刀布,裁缝铺,山地,稻草人”等等,在宁远平话中都没有专名。这些事物中,很多在宁远普遍存在,极其常见,如建筑中的坡顶、田间的独木桥、两头带垂钩的扁担。我们在故事等语篇调查过程中发现,宁远平话的程度副词少,心理活动的动词也较少。“牛郎织女”和“菜花蛇”的故事,涉及一些描述性的情节,但平话多是用“蛮姣”“蛮好”“蛮毒”等“蛮”来修饰的词语进行描写,很难表达程度的细微差别。表达细腻的感情的词更少。故事用平话说出,显得不够生动。此外,由于缺乏能产性强的词根,平话利用自有语素创造新词的功能也不强。

其次，宁远平话对外来成分改造功能不强。官话词语直接进入平话，与平话人对待平话的态度有关，但也与平话的整合功能直接相关。由于平话自身语音和语素的特点，不容易根据外来词语的语义对译而产生新词。如“平房”，“平”的平话语音为[pʰio^{24}]。“房子”，平话一般说“屋”，语音为[ɔ^{213}]。“房”在平话中不单用，但是平话有“房屋”一词，指卧室，语音为[xiẽ^{24} ɔ^{213}]。不过，多数平话人很难把这个词与它的本字联系起来。“草房”，指临时搭建的棚子，平话语音为[ʨʰie^{33} fẽ^{33}]，其中[fẽ^{33}]是“房”的另一种读音。按说，平话可以将官话的“平房”翻译为[pʰio^{24} xiẽ^{24}]，或者[pʰio^{24} fẽ^{33}]，但由于大家不容易将[xiẽ^{24}]、[fẽ^{33}]的音与“房”联系起来，将“平房”说成[pʰio^{24} xiẽ^{24}]或者[pʰio^{24} fẽ^{33}]，恐怕多数平话人听不懂。再如，平话有“子”，但“格”不是常用词，“子”做词尾在平话中可以读[tsɿ^{33}]（蠢子）、[lə^{33}]（棍子）。所以将官话的“格子（窗子）”对译为平话，就不如整体借用省事。

5. 平话人对平话掌握不够，过多依赖官话

5.1 对平话的掌握

平话人对一些词语的音义不能准确把握。平话中一些常用的词语，平话人把握不了其语音，发音含混，如“蚂蚁崽崽、鬼崽崽、麻拐、勿、没、米、那、香□钵子（香钵）、屋檐、相思鸟子、椅子凳、粉”等等。“蚂蚁崽崽”中的“蚁”，发音含糊，一带而过。仔细辨别，有四种读音，[ɿ^{21}]、[iẽ^{21}]、[li^{21}]、[ie^{21}]。这四个语音，是发音人能区分的、有区别意义的语音。[ɿ^{21}]、[iẽ^{21}]、[li^{21}]、[ie^{21}]分别为“食、样、亮、药”的语音。发音人不能确定“蚁”标准的语音。“鬼崽崽”的“崽”既可以读21，也可以读33，读21和读33意义没有任何区别。“麻拐”一词的语音一会儿是[mio^{24} kua^{33}]，一会儿是[mio^{24} kya^{33}]，有人读前者，有人读后者。“没勿”一些人读[mə^{21}]，另一些人读[mə^{55}]，还有些人读[mu^{21}]。“米”有人读[mi^{55}]，有人读[mɿ^{55}]。“那”一会儿读[a^{55}]，一会儿读[la^{55}]。“糯饭”分不清是[lə^{21} ɕio^{21}]还是[lə^{21} ɕye^{21}]。香□钵子[ciẽ^{35} lã^{55} pə^{213} lə^{33}]的第二个音节，[la]和[lã]自由难辨。“屋檐”的“檐”，到底应该读[liẽ^{21}]还是读[iẽ^{21}]；“相思[ɕiẽ^{35} sɿ^{55}]鸟子”还是“香鳅[ɕiẽ^{35} tsʰɿ^{55}]鸟子”，“背底门”[pə^{55} ti^{33} miã^{24}]还是“背倒门”[pə^{55} tie^{33} miã^{24}]，“粉”到底是[fiã^{33}]还是[ɕyã^{33}]，多数平话人都弄不清楚。“撑家姑姑”还是“撑家公公”，“尾姑”还是“满姑”，“竹竿粑粑”还是“竹篙粑粑”，他们也很随意。

平话人对于一些词语的语义也不能准确地把握。语言具有模糊性，普通语言学意义上的语言模糊性，主要指意义边界的模糊，特别是意义上有关联、表达连续概念意义的词的意义边界模糊，如“高”和“矮”，“老年、中年、青年”和“少年”。语义相关但没有语义连续关系的一些词，在多数平话人那里界限模糊，分工不清。官话“墙根底下”的词义比较清楚，是指屋檐下，含屋子四周可以避雨的地方。与之对应的，平话有“屋皮底下”和“墙公底下”两个词语。但这两个词有无语义的区别，区别在哪，到底哪个范围是属于“屋皮底下”，哪个范围属于“墙公底下”，多数人并不清楚。平话中“袋古、叉口、袋子、包”都是指包，但是它们之间的具体差别，多数人

不能区分。“墙公”和“壁”，本来是有区别的，“墙”是砖砌成的，“壁”是木板隔成的，现在多数人不分。家家户户都有“撑铛姑姑”和“灶”，“撑铛姑姑”和“灶”外延界限并不清晰，临时用三块砖围成的煮饭菜的，有人称“灶”，有人称“撑铛姑姑”，多数人不知道该怎么称说（但官话就不存在这个问题）。

需要说明的是，上述这些情况在老年人（60 岁以上）那里要好一些。“蚂蚁”，老年人只认可［mã^{55}ie^{21}tsə^{33} tsə^{33}］。虽然老年人对“墙公”和“壁”具体指什么有不同的说法，但一般认为它们是有区别的。现在多数人不能准确地把握语音和语义，势必影响精确表达。

平话人对平话词语进行分析的能力不强。平话人对很多平话词的理解，都是从整体上把握，缺乏拆分分析的习惯。久之，一些原来的合成词，在现在的平话人那里，就成了单纯词。“撑铛姑姑”［tɕ^{h}ie^{35}tɕ^{h}ie^{33}kɔ^{33}kɔ^{55}］中的［tɕ^{h}ie^{35}tɕ^{h}ie^{33}］是什么意思，多数人都不知道。“□□”［ts^{h}uɛ^{24}tɕ^{h}io^{21}］是玩耍的意思，但其中的每个音节是什么意思，大家都很迷茫。“草房”［tɕ^{h}ie^{33}fẽ^{33}］是在野外临时搭建的棚子，但多数人不能确定每个音节的含义。不能将原有词语拆分成语素，新造词的音节就多，就不如用官话语素造词简洁。如平话中虽然有“双”、“黄”等词，但是如果要用平话造词表达双黄蛋，就会成为“双黄□□”，不如用官话造的词“双黄蛋”简洁。

5.2　对官话的依赖

平话造词十分依赖官话。方言区的人们可以用自己独特的方式来表达和反映新事物。正是不同的方言采用了不同的方法来创造新词，才保持了方言的特色，方言才有较强的生命力。如“飞机”，“贡山的俅子叫‘飞房’，福贡的傈僳也叫‘飞房’，片马的茶山则叫‘风船’。路南的撒尼叫‘铁鹰’，滇西的摆夷管它叫作‘天上火车’。”（罗常培，2004:16）平话中有一系列较有特色的词，如“毛毛”（头发）、“木木”（布）、“□□”［k^{h}a^{21}k^{h}a^{21}］（蛋），等等。但是现代生活中出现的新现象、新事物，平话人很少新造有自己特色的词来反映。平话人一般是双方言人，在遇到新事物时，他们习惯于依赖官话，用官话来造词，缺乏利用平话语素造词的意识。平话中的“水”“泥”“板”等语素，都是能产性很强的自由语素。“水”做语素的词，如“温水、冷水、生水、井穴水、水杨柳、水气”等，“泥”做语素的词，如“泥巴巴、精干泥、淤泥”，“板”做语素的词，如“板子、床板，门板”等，都比较常用。平话人应该有用“水”“泥”“板”造新词的能力，但新事物“水泥、水泥板”出现后，平话并没有用自己这些常用的语素来构词。平话中有“□□”［k^{h}a^{21} k^{h}a^{21}］（蛋）“筒古”“饼”等词，“蛋筒、蛋饼”等在宁远出现的这类新事物，完全可以利用原有语素造词来表达。平话中有“犯法”“杀人”等词语，杀人犯的概念应该可以自己造词来表达。如此等等，平话人都没有利用平话的语素造词，而是利用官话的语素造新词来反映。也就是说，在遇到新事物、新现象时，平话人既不是用平话的已有语素造新词来表达，也不是等待官话人造新词后借用，而是自己用官话已有语素造新词来称说。

平话人对官话的依赖还表现在，平话人从来不直接从普通话中借词，普通话的词总是先翻译为官话，而后才能进入平话。现代社会中，许多家庭都有电视，一些新事物、新概念，平话人最初都是通过普通话直接接触到的，但这些事物、概念在平话中，却用官话进行对译造词来表达。平话本来有"高""铁"等语素，从电视上听到普通话的"高铁"后，本可以利用自己的语素进行对译，产生平话新词"高铁"[kie^{35} t^{h}i^{213}]。平话人却用官话语素来对译产生官话词"高铁"。这个官话词，并不是官话人翻译的，而是平话人借助官话翻译的。表达"钓鱼岛"这一概念时，平话人既不借用电视上听来的普通话词"钓鱼岛"，也不使用翻译成平话的词[ti^{55} ŋə^{24} tie^{33}]，而是使用翻译成官话的词[tiɔ^{24} y^{21} tɔ^{55}]。由于不是用平话的语素对译，而是用官话的语素对译，所以本来是平话人对译产生的新词，在平话中的身份却是来自官话的借词。我们在调查中发现，平话中没有一个来自普通话的借词。这种现象说怪也不怪，因为平话人念字、念书，除了普通话就是官话，一律不用平话。习惯用官话后，平话人已经没有用平话念书的能力。电视上每个普通话词，他们都习惯于用官话来对译。

同样，平话人也不习惯于直接把平话的词翻译为普通话的词，而是必须把平话词先翻译为官话词，再进一步转化为普通话的词。例如，一般的平话人要用普通话说"木头窑""屋""草房"，不会直接将这些词语的每一个语素对译为普通话的词，也不会直接采用平话的词语，而会先翻译为官话"棺材窑""房子""厂棚"，再翻译为普通话，用普通话的音念出来。平话表达石山概念的词是"砠"，语音为［ts^{h}ɔ^{24}］，调类是阳平。如果一定要问这个字用普通话怎么说，平话区的人认为该念[tɕ^{h}iəu^{214}]。平话中，"砠"与"住、数、赌"韵母相同。平话人把"住、数、赌"译为普通话，韵母都是[u]。译成普通话时，"砠"为什么不与"住、数、赌"等同韵母一样念[u]韵母？就是因为，"砠"官话音为[tɕ^{h}iəu^{21}]，官话的[tɕ^{h}iəu^{21}]译成普通话是[tɕ^{h}iəu^{214}]。[tɕ^{h}iəu^{214}]显然是先翻译为官话，而后再转译为普通话的。平话的"热"念[vu^{213}]，官话用[lɛ^{24}]表示热。普通话说得不好的平话人与外地来宁远的人交流，用[lɛ^{51}]表示热。[lɛ^{51}]显然是把官话的[lɛ^{24}]翻译为普通话了。放着大家都懂的"热"不用，硬要通过官话[lɛ^{24}]来翻译出一个大家都不懂的[lɛ^{51}]是多数村民的做法。

6. 结论

在宁远，平话早于官话。清道光《永州府志》记载，当时的州县（包括宁远县）各有乡谈，百姓以官话为佶屈（曾献飞，2005）。官话进入宁远后，迅速扩散，并上升为强势方言。受其影响，大量的官话成分进入平话，使得平话原有特色逐渐消失。由于使用场合减少，使用频率降低，平话人运用平话的能力下降，平话有从宁远社会交际活动中退出的趋势。

曹志耘教授曾从语言变化消亡的角度，指出汉语方言中存在渐变型和突变型两种类型，渐变型方言的语言系统朝强势方言的方向发展演变，突变型方言在强势方言的强大冲击之下，最终被彻底放弃（曹志耘，2001）。从我们的调查来看，宁远平话从两个方面走向濒危，逐渐失去自身的特色，朝强势方言官话演变；使用人数和使用场合逐渐减少，最后会从宁远的交际活动中彻底退出。

造成宁远平话濒危趋势的原因有很多，其中有两个比较特殊。一是平话和强势方言官话的交错分布。二是宁远外出人口多。宁远距离广东近，20 世纪七八十年代就有大批农民到广东务工。据不完全统计，2010 年，宁远县至少有 20 万外出务工大军。外出者往往带着妻小，由于常年远离平话环境，对平话越来越生疏，特别是他们带出去的儿女，有的甚至不以平话为母语。至少可以说，人员大量外出，使得部分人终生或者较长时间不使用平话。

参考文献

曹志耘　2001　关于濒危汉语方言问题，《语言教学与研究》第 1 期，8—12 页。
曹志耘　2011　北语语言所十年述略，《语言教学与研究》第 4 期，1—6 页。
李永明　1988　双方言区宁远官话与平话的音韵，《湘潭大学学报》第 3 期，39—44 页。
罗常培　2004　《语言与文化》，北京：语文出版社。
宁远县县志编纂委员会　2007　《宁远县志（1978—2003）》，北京：方志出版社。
佚 名　2012　构建"信息网络"搞活劳务输出，宁远新闻网，http://www.ningyuan.gov.cn/Info.aspx? ModelId=1&Id=3。
曾献飞　2005　《湘南官话语音研究》，湖南师范大学博士学位论文。
张晓勤　1999　《宁远平话研究》，长沙：湖南教育出版社。

The Regression of Ningyuan Pinghua in Hunan

Li Yongxin

Abstract　Interlacing with other dialects, Ningyuan Pinghua is the second dialect in Ningyuan County. Eroded by mandarin, its system is lack of vitality. It's so dependent on mandarin that the capability for indigenes to use the dialect is not strong, and the occasions are limited. Pinghua is gradually out of use in Ningyuan County.

Keywords　Ningyuan Pinghua; distribution; dialect vitality; dialect regression

（李永新　北京语言大学语言研究所；长沙师范专科学校）

方言保护

正视汉语方言功能　实施科学语言规划

郭龙生

提要　随着社会的日益发展和中外文化交流的日益扩大，国外各种社会思潮逐步渗透进我国的学术领域。当中国还没有完全实现工业化、当国家通用语言文字还没有完全在中国大地上普及通用之时，后工业化思想已经开始影响我们，濒危语言、濒危方言的保护也开始逐步在学术领域得到越来越多的人的响应和重视。文章根据中国语言文字使用情况调查的数据，根据学术界的专家调研成果，力求客观分析评价汉语方言的现状，呼吁应正视汉语方言的功能，科学实施语言规划，既不妄自菲薄、危言耸听，也不熟视无睹、无动于衷。我们应实施科学的语言规划，谋求健康和谐的语言生活。

关键词　汉语方言；语言规划

1. 引言

为使中国不同地区的人们之间能顺畅交流，国家需要在全国范围内推广一种共同的、通用的交际工具，这就是普通话。为使普通话能够得到高效率的推广、传播与应用，国家决定对全国的民族语言和汉语方言开展大调查。一是了解语言文字的国情、家底，一是为各地、各族人民学习普通话编写相应的教材与辅导手册。经过半个多世纪社会各界尤其是广大语言文字工作者的努力，我国语言文字战线各方面都取得了不小的成绩，全国的文盲率大大降低。至2008年年底，文盲率降至6.67%，其中青壮年文盲率降至3.58%。普通话在其推广方针经历了从50年代的“大力提倡，重点推行，逐步普及”到90年代的“大力推行，积极普及，逐步提高”的变化过程中得到了推广、普及与提高。到2000年，全国能够用普通话与人交谈的人口比例为53.06%。

但是，自20世纪80年代以来，由国外至国内的学术界产生了保护濒危语言、保护方言的声音。随着社会发展步伐的逐步加快，这种声音也越来越强大，且一浪高过一浪。

2. 汉语方言现状

2.1 国情调查数据

根据世纪之交进行的一项调查，全国普通话、汉语方言和少数民族语言的使用情况如下：

表 1　全国能用普通话、汉语方言和少数民族语言与人交谈的比例(%)

普通话	汉语方言	少数民族语言
53.06	86.38	5.46

资料来源：中国语言文字使用情况调查领导小组办公室编，《中国语言文字使用情况调查资料》，语文出版社，2006 年，第 5 页。

表 2　全国及城镇和乡村能用普通话与人交谈的比例(%)

全国	城镇	乡村
53.06	66.03	45.06

资料来源：同表 1，第 6 页。

表 3　全国及分性别能用普通话与人交谈的比例(%)

全国	男性	女性
53.06	56.76	49.22

资料来源：同表 1，第 7 页。

表 4　全国及分年龄段能用普通话与人交谈的比例(%)

全国	15—29 岁	30—44 岁	45—59 岁	60—69 岁
53.06	70.12	52.74	40.59	30.97

资料来源：同表 1，第 8 页。

表 5　全国及分受教育程度能用普通话与人交谈的比例(%)

全国	没上过学	扫盲班	小学	初中	高中	大专及以上
53.06	10.36	14.67	25.49	56.08	75.76	86.77

资料来源：同表 1，第 9 页。

表 6　全国各汉语方言区能用普通话与人交谈的比例(%)

官话	晋语	吴语	闽语	粤语	客家话	赣语	湘语	徽语	平话	其他
49.92	43.61	69.40	80.28	61.00	64.36	60.86	54.80	56.13	51.66	46.19

资料来源：同表 1，第 10 页。

表 7　全国在不同交际场合最常说普通话的比例(%)

在家里与家人交谈	到集贸市场买东西	到医院看病	到政府机关办事	在单位谈工作
17.85	23.15	26.29	28.80	41.97

资料来源：同表 1，第 11 页。

表 8　全国会说普通话人群普通话程度熟练的比例(%)

能流利准确地使用	能熟练使用但有些音不准	能熟练使用但口音较重	基本能交谈但不熟练
20.42	35.56	15.36	28.67

资料来源:同表 1,第 12 页。

表 9　全国学说普通话遇到的主要问题的比例(%)

周围的人都不说,说的机会少	受汉语方言影响,不好改口音	受本民族语言影响,不好改口音	说普通话怕别人笑话
48.77	38.25	5.16	7.82

资料来源:同表 1,第 13 页。

2.2　专家调研成果

陈章太(2006)曾指出:"有些汉语方言,尤其是处于某些强势方言交界处的弱势边界方言,逐渐成为濒危方言,如东北的站话,广东、福建、海南的军话,畲族说的汉语方言畲话(区别于畲族母语畲语),广东电白县的正话,湖南的乡话,海南的迈话、儋州话、疍家话等(熊正辉、张振兴、林立芳、张惠英),还有湘南、桂北、粤北的一些土话(鲍厚星、刘村汉、庄初升、林立芳、邝永辉等),湘西山区的一些方言,皖南山区的一些方言,浙江西部山区的淳安话,浙江南部山区的庆元、遂昌、龙游话,浙江西部三江(新安江、兰江、富春江)交汇处的九姓渔民方言(曹志耘),福建中部山区的大田话(陈章太)、尤溪话(李如龙),以及汉语各地方言中某些方言岛等。"

张振兴(2006:139—148)指出:"按照我们的初步估计,……濒危的汉语方言至少也有 15～20 种,例如:畲话(畲族人所说的汉语方言)、儋州话、伶话、军话、正话、乡话、九姓话、土话、平话、澳门土生粤语等等。"

中国社会科学院语言研究所(2006)科研处指出:在濒危汉语方言的调查研究方面,(有关专家学者)已经调查了军话、站话、正话、乡话、九姓话、畲话、疍家话七种方言。

曹志耘曾先后在几篇文章中提到过几种濒危汉语方言,如九姓渔民方言、畲话、土话等(曹志耘,2001)。又如济南话,上海话,金华话;九姓渔民方言,畲话,淳安话,庆元、遂昌、龙游话(曹志耘,1999)。又如广西平话,粤北土话,湘南土话,湘西乡话,"贱民"方言,澳门土生粤语等(曹志耘,2006a)。像浙江九姓渔民方言、澳门土生粤语以及各地大量的小方言岛(例如东北的站话、海南的军话、广东的正话、浙江一些地方的畲话等)则已成为濒危方言(曹志耘,2009)。丁崇明(2006:19—24)曾提出"南宁官话"(也称邕州官话)为濒危方言。此外,还有其他学者的论著中也会举例性地提及一些濒危汉语方言,限于文章的篇幅,这里不再一一列举。

通过对比这两类研究成果,可以看出,汉语方言既在全国拥有 86.38%的使用者,同时其中也确实有一些小的、弱势方言处于濒危状态。这种现状,伴随着普通话的进一步推广和全球化的深入发展，伴随着现代人文主义思潮的流行与人类多元化的追求，自然会引发人们对汉语方言的思考与讨论。

3. 正视汉语方言的功能与价值

3.1 学界的各种观点

梳理目前学术界关于汉语方言的地位与价值的讨论，主要包括以下几种观点：

3.1.1 保护方言派

(1) 汉语方言具有独特的文化价值，是宝贵的文化资源，是区域性文化的代表与载体，失去方言就意味着失去文化；保护方言，是保护文化多样性，也就是捍卫文明。

(2) 国家广电总局规范广播影视播出语言、主张电视剧使用规范语言的要求有封杀影视方言、干涉文化多样性之嫌。

3.1.2 顺其自然派

(1) 方言的出生、发展和消亡，是语言和语言之间的较量，我们能做些什么呢？方言的保护不必特别刻意，顺其自然代代相传就是最好的保护。

(2) 方言死去很正常，语言有自身的发展规律，不以人的意志为转移；方言消亡是大势所趋，“生死有命，富贵在天”，在语言的发展、消亡面前，人类是无能为力的。

3.1.3 反对保护派

(1) 弱势方言逐渐萎缩，有一部分方言就会变得濒危甚至消失，这是很正常的现象，拯救属徒劳。我们没有任何理由坚持方言割据；“复兴各地方言，共同抵制普通话”肯定是不行的。

(2) 行政命令不会消灭方言；未曾消失，何谈保护？从长远来看，方言不该也不会被消灭。

3.1.4 举棋不定派

(1) 方言真的会“灭绝”吗？保护赶得过灭绝吗？

(2) 方言 PK 普通话：和谐相处能行吗？那些濒临消失的语言——方言和少数民族语言，需要保护和拯救吗？人为的保护和拯救有效吗？

3.1.5 和谐发展派

(1) 方言与普通话应该和谐相处，共同发展。

(2) 方言与普通话的功能域区分明确，互相补充，共同为和谐语言生活的构建做贡献。

3.2 汉语方言的属性与价值

3.2.1 汉语方言是什么

(1) 汉语方言是我国绝大部分人的母语。据中国语言文字使用情况调查结果可知，小时候最先会说普通话的全国有 167 435 000(1.6 亿多)人，占总人口的 13.47%；而最先会说汉语方言的有 1 046 662 000(10.4 亿多)人，占总人口的 84.23%；小时候最先会说民族语言的有 63 826 000(6300 多万)人，占总人口的 5.14%。可见，全体国民中绝大多数人当初习得的母语就是汉语方言。

(2) 汉语方言是汉语存在的基础,无方言,无汉语。从社会语言学角度来看,普通话也是一种方言变体,只不过是一种高变体。人们平时习惯于将方言与普通话对立起来进行讨论,只是一种论说问题的方法,实际上方言与普通话共同构成了汉语整体。

(3) 汉语方言是地域阻隔的产物。方言是语言的变体,根据性质,方言可分地域方言和社会方言。地域方言是因地域差别而形成的语言变体,是全民语言在不同地域上的分支,是语言发展不平衡性在地域上的反映。社会方言则是同一地域社会成员因职业、阶层、年龄、性别、文化教养等的社会差异而形成的语言变体。一般所讲的方言濒危与保护多是指地域方言。

(4) 汉语方言是普通话的活力源。无论是词汇还是语法,普通话都从各地方言中吸收了不少丰富的营养,今后普通话的进一步健康发展依然离不开各地方言的滋润与灌溉。离开了方言,普通话将成为无本之木与无源之水。普通话与方言是你中有我、我中有你,二者互相依存,互为存在的前提条件。

3.2.2　汉语方言的功能

(1) 汉语方言是地方文化的载体。无论是北京、天津的相声,还是东北的二人转,江苏的评弹、昆曲,或是安徽的黄梅戏、广东的粤剧、陕西的秦腔、福建的高甲戏与梨园戏等,无不与当地方言密切相关。

(2) 方言是一定地区内的交际工具,具有自身的规范,并在发展中不断完善。汉语方言在一定地区范围内作为交际工具发挥了积极的作用。方言内部也应该有自己的语音、词汇、语法等的规范,并且在发展过程中,规范要日益完善,促进方言的健康进步,可以更好地服务于一定范围内的人际交流。

(3) 方言是非物质文化遗产及其载体,在维护文化多样性方面居功至伟。作为我国汉族地方戏曲文艺形式等非物质文化遗产的载体,方言本身也是非物质文化遗产的组成部分。方言负载了地方文化,方言的多样化对于维护文化的多样性发挥了重要的作用。人们担心的就是汉语方言的逐步濒危与消亡将会直接影响到文化的多元存在,影响到人类丰富多彩的艺术世界的健康发展,同时也会影响到人类个性张扬而纷繁多样的生活情趣。

(4) 汉语方言是维护亲情的纽带。俗话说"老乡见老乡,两眼泪汪汪"。且不说在异域他国,就是身处国内其他城乡,在远离故土的任何地方,听到久违的乡音,都会使人自然地产生一种亲切的感觉。这是母语情结的作用,是沟通、亲和的情感纽带。

(5) 与普通话、少数民族语言、外语和特殊语言等一起服务于社会语文生活。在中国 960 万平方公里的国土上,普通话凭借中华人民共和国《宪法》《国家通用语言文字法》等一系列法律规章的保驾护航,通过广大语言文字工作者半个多世纪的积极努力,正在全国逐步推广。但是,我们不能忘记,也必须正视的是,在普通话推广之前、现在和今后,汉语方言一直在为国人社会语文生活的健康发展默默地奉献着。方言在人们日常生活的很多方面都有着无可替代的作用与地位。

(6) 适用于必须用普通话场合外的一切机会与场所。国家为进一步加快工业化建设步伐而规定了普通话作为国家通用语言在全国的推广与应用,同时规定了普通话必须应用的几种场合,但是除此之外的一切其他场合和机会都是给汉语方言(或者其他交际工具)的。在功能域的划分上,汉语方言的使用范围还是相当广泛的(见表 7)。

通过在不同场合人们使用普通话的比例,我们可以反推出汉语方言的使用情况,那就是更多的时候人们要么用的是汉语方言,要么用的是少数民族语言或者外语、聋哑语等进行交流的。

3.2.3　汉语方言的价值

汉语方言的价值与汉语方言质的规定性和汉语方言的地位是密切相关的。前边讨论了汉语方言是什么及其地位,从中我们大致上可以看出汉语方言的价值。

(1) 实用价值。汉语方言实际应用于广大的乡镇、农村地区和必须使用普通话场合之外的其他一切场合。

(2) 文化价值。汉语方言的文化价值,不像人们常说的"土"而显得没有文化。这种文化是蕴蓄于方言之中并由方言承载的地方文化艺术形式和文化内容及其中所体现出来的文化价值。从专业角度讲,方言中保存的大量古音具有重大的学术研究价值。

(3) 审美价值。袁钟瑞(2004:70—72)在论述普通话的美时曾说过:"汉语是声调语言,因而天然具有抑扬起伏的音乐性;音节分割明确而齐整,因而节奏清晰;元音占优势,无复辅音,因而声音响亮,'杂音'极少;加上语气词和量词丰富,又讲究丰富多彩的修辞手法,使汉语具有独特的形式美。"应指出的是,方言是汉语的地方变体,单从语音来说,方言也各有各的语音美。

(4) 情感价值。方言的情感价值是人们对该方言的语音、词汇、语法等表达手段的一种评价表现,是一种心理感受。据中国语言文字使用情况调查结果显示,感觉方言"亲切",比感觉方言"有用""有社会影响""好听"三个指标的得分都要高。这说明汉语方言在所有被调查者心目中是亲切的,从情感上是容易亲近的,这也说明汉语方言具有较高的情感价值。因为,语言是工具,是符号,但它不仅仅是工具和符号,它除具有使用价值之外,还有情感价值。人类的交流不仅依靠语言本身,更多的还是依靠与语言同在的感情。

(5) 认同价值。方言的认同价值体现在对说这种方言群体的认同,体现在对这种方言叙述方式的认同。这种认同价值是人们对该方言所负载文化的归属与认同感的重要构成要素。方言的认同价值与情感价值密切相关,甚至可以说方言的情感价值是方言认同价值的基础与前提。

4. 实施科学语言规划

4.1　对现有各种声音的评价

无论是针对保护方言派的论点,还是针对顺其自然派的论点,都可以听到反对的声音。

毛翰(2004)针对方言保护论者的观点进行了反驳:

保护方言的理由很堂皇。譬如，方言是文化的载体，方言本身就是文化，每一种文化都有生存和发展的权利，应该尊重文化的多元并存格局。他认为：语言的价值首先在于它的用于人际交流的工具价值，而不在文化价值。人们创造和使用语言，原本只是为了交流思想情感，传递信息经验。其文化意义则是衍生的，附属的。无视方言作为现代交际工具之所短，一味强调其文化价值之所长，不免有舍本逐末、买椟还珠之嫌。

方言毕竟只是一个历史范畴，完成了它的历史使命，就应该进历史博物馆了。

方言保护主义者对方言有一种近乎信徒对宗教的崇奉情结，在他们那里，方言的文化意义被无限夸大了，方言作为一种文化几乎被神化了。

保护方言的一个很有蛊惑力的论法，是将方言与物种相提并论，提出方言的多样性与生物的多样性同样应该受到尊重和保护。其实，生物的多样性促成了生物之间的生存竞争和整个生物圈的繁荣，方言的多样性却造成了同一语种内的歧义、混乱和交流的障碍。两种多样性的价值恰恰相反。

方言保护主义者立论的一个大前提，一个似乎不证自明的公理是，现存的方言分布格局是天然合理的，是不能更改的。但恰恰是这个大前提和公理是令人怀疑的。

告别方言的心理障碍也正是：这是我的祖先的文化遗产，我得继承，我不能背弃，不要问为什么，我没想过。

方言是一个历史范畴，世上没有不变的方言。还是让我们少一点文化的缠绵，少一点返祖之幽情，轻轻松松地驶出方言的狭隘，驶入普通话的开阔和坦荡吧。

学会普通话是为了与人交流，学会方言则是为了传承文化。这一主张听似不无道理，其实很是荒唐。

经过论证，最后，他在文章中说：我们还有任何理由维护方言壁垒，坚持方言割据吗？方言的消亡固然令人惋惜，可是我们除了奉上一曲挽歌，又能做些别的什么呢？

黄涛(2008：27—33)简要评析了社会上反对保护方言最具代表性的几种观点，并逐条予以反驳：第一种观点，认为方言是地方封闭和社群隔绝的产物，继续保持方言会阻碍社会流动和人际往来，妨碍推广、学好普通话，不利于个人前途和社会发展。第二种观点，认为孩子们要掌握普通话、外语等更有利于个人发展的语言，没有更多精力学习实用价值较小的方言。第三种观点，认为自古以来就不断有方言的兴亡与交融，今天方言被普通话取代只不过是语言演变过程中的一个阶段，应该顺应语言演变的自然进程；如果要阻止语言演变以保护语言的某种原始状态的话恐怕要让它回到太古时代了。第四种观点，认为与普通话相比，方言因为俚俗而不美，有碍于美好感情的表达，或者说会造成粗陋不堪的文风。第五种观点，认为方言保护既然是出于保护方言的文化价值，不如让对此有兴趣的学者去做方言的考古和收藏，普通人则尽可使用实用价值更大的普通话。他认为：总的来说，各种反对保护方言的观点大都基于语言首先是一种交际工具，而对其文化价值的重要性认识不足。他呼吁：在制定语言政策或研究相关问题时，应该努力兼顾语言的工具价值和文化价值，任何偏于一端的做法都是不妥当、不负责任的。

郭龙生(2008:34—38)针对目前学术界普遍认为的汉语方言濒危的原因进行了分析，同时提出了自己的观点：汉语方言或某些少数民族语言活力减弱，不是国家现代化和推广普通话的必然结果。一种语言或方言活力减弱，使用范围缩小、人数减少，功能衰退，出现濒危征兆，乃至几近消亡，这都不能直接归结为经济全球化或者国家现代化的必然结果，也与普通话的推广之间没有直接的因果关系。语言之间的互相接触与影响是免不了的，而这种影响往往是双向的。方言会影响普通话，同时，普通话也会影响方言。李蓝、裴钰(2009)对“语言优胜劣汰”论调的庸俗达尔文主义倾向进行了批驳，指出这是和现代人文主义思想的最根本冲突。

曹志耘(2006a:1—6)指出了世界主义的语言一体化与方言上的原教旨主义即方言主义之间的矛盾，说明极端的语言一体化违背了语言文化多样性的原则，是不可取的。而盲目的方言主义逆历史潮流而动，也是没有出路的。

4.2　现有保护方言的诸建议

李宇明(2006:656—660)指出：语言沟通和语言保护，是需要通盘考虑、统筹兼顾的问题，处理得好，可以做到并行不悖。不能说为了保存方言就不推广普通话，不能说为了保护民族语言就不推广国家通用语言，把保护方言同推广普通话对立起来，把保护民族语言同推广国家通用语言对立起来，显然不妥。反过来，也不能只顾推广普通话而不管方言的状况，只顾推广国家通用语言而不管民族语言的状况。在国家语言政策层面，除了汉民族共同语的基础方言之外，似乎没有给汉语方言一个明确的法律地位。需要不需要在国家语言政策层面考虑汉语方言的问题？值得研究。

曹志耘(2001:8—12)提出的“对策和措施”为：1. 大声呼吁，引起重视；2. 开展濒危方言调查和资料抢救工作；并指出汉语方言学界目前最紧迫的既带有抢救性又带有基础建设性质的工作有：(1)汉语方言使用情况调查；(2)编制《汉语方言地图集》；(3)编写《汉语方言资料集》；(4)建立《汉语方言语料库》；(5)建立《汉语方言录音资料库》；(6)建立《汉语方言录像资料库》。具体措施包括：(1)在语言政策中明确方言的地位和作用。我国一直缺乏比较明确的有关对汉语方言的政策。建议在有关的语言政策中，进一步明确地体现汉语方言在我国语言生活中的地位和作用。(2)在适当程度上开放方言的使用范围，使用是最好的保护和发展。(3)把濒危方言和已经消亡的方言纳入文化遗产的范畴进行保护和开发，例如开发方言艺术旅游，出版方言文艺光盘，建立方言网站，等等。保护方言的措施应包括：全面性地抢救材料；设立“濒危汉语方言抢救基金”，重点抢救记录那些即将消亡而又比较有代表性的方言；切实贯彻落实“多样化”的语言政策，力求使我国的语言生活真正走向一种“主体化”与“多样化”完美结合和高度统一的理想境界。(曹志耘，1999)汉语方言如何在接受语言一体化的前提下，在语言多样性的框架中找到自己的位置并发挥积极的作用是一个复杂的理论问题，但更是一个迫切的实践问题。

（曹志耘，2006a）为此，他提出的“行动计划”包括：明确语言政策；建立相应机构。例如方言多样性研究机构、濒危方言基金会、方言博物馆等；开展学术研究；加强舆论宣传。进而提出了开展语言保存的主要工作，包括：制订全面和长期计划；建立机构和队伍；编写调查表和调查规范；拟定濒危语言和方言名录；整理已有成果目录和资料等。（曹志耘，2009）

汪平（2006：214—220）建议在幼儿园、小学等低龄孩子集中的学龄段，除按照法律规定的在课堂上要求说普通话外，学校可倡导教师、家长在课外、私人场合有意识地说方言，学校还可适度开展与方言有关的童谣、歌曲等比赛活动，为方言营造良好的生存环境。裴钰（2009）直接发出“方言教育从幼儿园抓起”的呼声。他还提出设立“方言母语保护日”的建议。

周磊曾表示目前急需提早对我国使用人数比较少、面临濒危的方言做一次全面调查，尽可能地抢救原始资料。对于使用人数众多的方言存在的萎缩现象，建议实行“方言普通话”的尝试。目前，保护濒危语言，也仅仅限于用笔记录下来，有了录音技术后，可以留下录音资料。（文静，2007）

吴永焕（2008：39—43）提出两项保护方言的建议：一是综合运用多种手段，抢记方言材料。具体包括田野调查，数码录音，汉语方言文化遗产的多维保护。二是采取多种方式，延缓方言特征消失的速度。具体包括合理推行双语政策，有效进行方言保护；凸显地域方言的载体功能，彰显方言魅力。

4.3　有关部门已采取的行动

2006 年，在纪念国务院《关于推广普通话的指示》发布 50 周年的座谈会上，国务委员陈至立曾讲道：推广普通话的同时要保护方言，否则的话，没有人会说了，方言就真变成非物质文化遗产了。迄今为止，我们非常高兴地看到，在专家学者多年的呼吁之后，在学者型领导的积极倡议与努力鼓动下，目前国家已经开展了一系列针对濒危汉语方言和濒危民族语言保护的重大工程项目：

4.3.1　中国语言资源有声数据库建设工作

在教育部和国家语委的直接领导下，该工作于 2008 年在江苏省苏州市开始进行试点。试点工作不仅取得了很大的成绩，还积累了不少实践经验，制定出一套数据库建设工作的具体运作规范，为中国语言资源有声数据库建设在全国开展打下了良好的基础。

4.3.2　汉语方言地图集的编纂与出版

由曹志耘主编的《汉语方言地图集》是第一部在统一的实地调查基础上编写的、全面反映 20 世纪汉语方言基本面貌的原创性语言特征地图集。

4.3.3　中国濒危语言方言调查研究与新编《中国语言地图集》

这是由张振兴主持的中国社会科学院 A 类重大项目，自 2002 年启动以来，全体参与人员一直在紧张的工作之中。目前已经出版了部分阶段性成果。

4.4 如何实施科学的语言规划

怎样才算是科学的语言规划？科学的语言规划又应该怎样去实施呢？

我们认为，能够促进语言生活和谐发展的语言规划就是科学的语言规划。针对普通话与方言的关系，如果能够妥善解决濒危汉语方言的保护与普通话推广之间的矛盾的语言规划，就可以认为是一定意义上的科学的语言规划。

科学的语言规划应该如何实施，实际上就是在前人的基础上提出自己关于科学解决濒危汉语方言保护与普通话推广之间矛盾的具体方法。

4.4.1 尊重现实，调整思维方式

尊重现实是指现在汉语方言的生命力依然很旺盛，使用人口很多，大可不必担心。同时也必须看到有些小的方言濒临消亡的现实，这也是事实。调整思维方式是指专家学者在强调方言保护重要性的时候，容易偏激地弃推广普通话的严峻现实于不顾，好像普通话已经完全通行于全国，完全要取代汉语方言了一样。客观的现实是，普通话还有很多人不会说，甚至还听不懂。不能为了强调汉语方言有文化，好像说普通话就没有文化一样。哪位专家现在不是享受着推广普通话的成果、以普通话来宣讲咱们的学术主张，体现您的文化素养与学术价值的呢？

4.4.2 统筹兼顾，促进和谐发展

统筹兼顾在这里是指要以人为本，统筹考虑汉语方言与普通话的功能划分，科学开展语言的地位规划与功能规划，真正从人的需要出发。我曾提出"语竞人择，需者生存"的观点，结果被朋友批驳为有社会达尔文主义思想倾向。我觉得这不同于庸俗社会达尔文主义理论，我不同意语言有什么优劣之分，并在此基础上有优胜劣汰的选择机制。"需要"是语言得以健康发展的基本前提，没有"需要"可以创造"需要"，从而挽救一些不怎么被人需要的汉语方言或者其他语言，使它们重新焕发生机。促进和谐发展是指希望能够在科学的语言规划指导下，制定科学的语言政策，促进汉语方言与普通话和谐发展，共同进步。

4.4.3 积极行动，建立实验基地

这是指要积极行动起来，在各地有濒危汉语方言的地方，建立一个类似于实验田式的方言保护实验基地，基地可以是一个村、一个镇，或者范围更大更小一些都可以，以类似于新西兰"语言小巢"的形式，类似于英语角、汉语村、奥运会期间的吉祥小屋等形式，从政策上给以一定的优惠与配套，以汉语方言或语言民俗村的方式，发展方言文化特色旅游。要求在这个实验基地中的人都必须说这种方言，通过相应的激励机制，鼓励人们自由加入其中，从而达到使用人群永不消失的目的，真正实现濒危汉语方言的存活式保护。至于人们常说的对濒危汉语方言或濒危民族语言的记录式保护，那也是一种不错的办法。利用先进的声光电设备，记录下濒危汉语方言的语言特征及表达方式，为今后的了解与研究保存一定的资料。不过，这些资料毕竟不如活着的正在使用中的方言来得更加真实、真切。

4.4.4　科学决策，谋求政策支持

专家学者积极呼吁国家广播电影电视管理部门能够为汉语方言开绿灯，希望进一步繁荣群众的文化艺术生活。其实，在相关的政策法律规章之中，方言的地位已经做了明确的规定，留下了很大的余地，有足够开放的决策空间给相关的职能部门。决策者可以根据当地广播电视等媒体的客观实际需要，来决定汉语方言在广播电影电视当中的播出比例与总体的分量。至于希望在政策层面更多地关注濒危的汉语方言和濒危的少数民族语言，我们可以谋求在相关法律规章修订时加以认真考虑并切实给以落实。

4.4.5　加强研究，寻求更佳策略

对于濒危的汉语方言，应该进一步加大研究力度，提高研究速度与质量，多出成果，争取能够对每一种濒危汉语方言有一个全方位、立体的，甚至是多维的关注与描述。在国家语委的大力倡导和直接指导下，江苏省率先于 2008 年 7 月开始进行中国语言有声资源数据库试点建设。此后，上海市、辽宁省、北京市和广西壮族自治区先后开展中国语言有声数据库建设工作。这项工作利用现代化的设备与手段，采集各地不同语言的有声资料，进行科学的整理、研究。这些都为正确认识、科学研究与妥善保护各地各种不同的语言资源打下了良好的基础，是科学保护我国丰富的语言文化遗产、全面了解我国语言国情、科学制定国家语言文字方针政策的一项重要举措。但是，研究的目的不是为研究而研究，对汉语方言的研究是为了使汉语方言能够更好地生存下去，使其能够与普通话、民族语言、外语等一起更好地为人类社会的语言文字生活服务。

5. 结束语

首先，纵观学界的纷繁论争，我们了解到专家学者在讨论汉语方言时，其中所用的“方言”的所指是不一样的，一个是整体的方言概念，统指所有的汉语方言，一个是具体的某个小方言点或者方言岛，二者不是同一个层面上的东西。如果非要拿汉语方言与生物物种相提并论的话，是否可以类比一下，“橘生淮南则为橘，生于淮北则为枳”；是否正像海洋中位于不同深度的层面有不同层面的适应生物一样，适应浅水生活的鱼类恐怕无法到深海中生存；是否也像高山上不同高度有不同种类的动植物生存一样？这是生物演化过程中的一种功能选择，是互补分布的。

其次，总体感觉，是往回看得多了，往前看得少了，或者以往前看的名义往回看了。这不一定不好，其中透露出的是一种思维的方法。以前保存得好，是因为发展得不够，要发展，要走出去，必然要接触他人。接触新鲜的东西，就必然会或多或少地受到影响。当然，这种影响肯定是双向的。人们追求语言或者方言的“纯”。说以前纯，现在不纯了。以前之所以纯，是因为与外界接触少，现在之所以不纯，是因为与外界接触多了。当今世界，我们不应该、也无法拒绝接触他种语言与文化。因此，相信语言的自我调节能力，放眼未来，拥有充足的自信心是我们做好工作的关键。

第三，各位学者的危机意识，人文担当，学术使命感与社会责任感，以及全局意识、未来观念和长远的发展的眼光，都值得人们学习。但是，对于真正自愿放弃说某种方言或者愿意说普通话的人，我们应该怎么办？不能因为我们是研究方言的，就说方言是多么重要，我们会让我们的子孙后代只说某种方言吗？研究是一个层面，实际应用是另外一个层面，如何将二者更好地结合起来，是值得我们研究者认真思考的一个问题。

中国现在依然并将长期处于社会主义初级阶段，在工业化尚未完成，现代化、信息化、标准化、规范化等都还需要我们继续努力推广普通话的时候，我们必须首先做到坚定不移地依法继续大力推广国家通用语言——普通话，与此同时，也要做好濒危汉语方言和濒危少数民族语言的保护工作，以维护良好的语言生态环境，谋求健康和谐的语言生活。

参考文献

曹志耘　1999　生存还是消亡：汉语方言面临的抉择，载陈章太、戴昭铭、佟乐泉、周洪波编《世纪之交的中国应用语言学研究》，139—148 页，北京：华语教学出版社。

曹志耘　2001　关于濒危汉语方言问题，《语言教学与研究》第 1 期，8—12 页。

曹志耘 2006a 汉语方言：一体化还是多样性？《语言教学与研究》第 1 期，1—6 页。

曹志耘 2006b 论方言岛的消亡：以吴徽语区为例，载教育部语用所社会语言学与媒体语言研究室编《语言规划的理论与实践：第四届全国社会语言学学术研讨会论文集》，1—7 页，北京：语文出版社。

曹志耘　2009　论语言保存，《语言教学与研究》第 1 期，1—8 页。

陈章太　2006　我国当今社会语言生活的变化和问题，《中国教育报》，4 月 30 日（第 4 版）。

丁崇明　2006　保护方言、防止方言的快速同化，载教育部语用所社会语言学与媒体语言研究室编《语言规划的理论与实践：第四届全国社会语言学学术研讨会论文集》，19—24 页，北京：语文出版社。

郭龙生　2008　中国现代化进程中的语言生活、语言规划与语言保护，《中国人民大学学报》第 4 期，34—38 页。

黄　涛　2008　语言文化遗产的特性、价值与保护策略，《中国人民大学学报》第 4 期，27—33 页。

李　蓝、裴　钰　2009　语言濒危 方言告急，《浙江日报》，5 月 18 日（第 11 版）。

李宇明　2006　当前语言生活的问题及其对策，载教育部语用所社会语言学与媒体语言研究室编《语言规划的理论与实践：第四届全国社会语言学学术研讨会论文集》，656—660 页，北京：语文出版社。

毛　翰　2004　棒喝时代：我们没有任何理由坚持方言割据，香港《二十一世纪》，6 月号（总第 83 期）。

裴　钰　2009　方言是一种生产力：旅游与文化产业思考，http://blog.sina.com.cn/pyu2008。

汪　平　2006　正确处理方言与普通话关系刍议，载全国汉语方言学会《中国方言学报》编委会编《中国方言学报》第 1 期，214—220 页，北京：商务印书馆。

文　静　2007　有多少方言正在失去，《中国青年报》，2 月 5 日（第 8 版）。

吴永焕　2008　汉语方言文化遗产保护的意义与对策，《中国人民大学学报》第 4 期，39—43 页。

袁钟瑞　2004　话说推普，北京：语文出版社。

张振兴　2006　语言规划与汉语方言研究，载教育部语用所社会语言学与媒体语言研究室编《语言规划的理论与实践：第四届全国社会语言学学术研讨会论文集》，138—144 页，北京：语文出版社。

中国语言文字使用情况调查领导小组办公室　2006　中国语言文字使用情况调查资料，北京：语文出版社。

中国社会科学院语言研究所　2006　注重语言调查研究 保护人类文化遗产——“中国濒危语言方言调查研究与新编《中国语言地图集》”取得重大进展，《学术动态（北京）》第 10 期，4 页。

Implementing Scientific Language Planning According to the Function of Chinese Dialects

Abstract With the growing social development and the expansion of cultural exchanges, a variety of overseas social thoughts gradually penetrate into the academic field in China. Post-industrial thinking has begun to affect us when China has not yet fully industrialized and the national common language has not yet fully popularized in China. The protection of endangered languages or dialects also began to get more and more people's response and attention in the academic field. This article analyzes and values the current situation of the Chinese dialects objectively according to the data of National Survey of Chinese Language Usage and the research results of experts. It appeals to implement scientific language planning according to the function of the Chinese dialects. We should not underestimate ourselves and say frightening things just to raise an alarm, and pay no attention to a familiar sight and to be completely indifferent. We should implement scientific language planning in order to seek healthy and harmonious language life.

Keywords Chinese dialects; language planning

（郭龙生　教育部语言文字应用研究所）

方言保护与语言规划*

雷红波

提要 语言资源观逐渐成为国内语言规划工作中的一种主导思想，汉语方言的重要性也得到了一定的关注，然而还没有得到充分的重视。制定科学的方言发展战略，首先应明确方言的地位规划，加强方言的语料库建设，明确方言的生存和发展空间，注意科学和系统执政。在具体的策略实施层面，应当科学地分析具体方言的语言活力构成要素，有针对性地提高方言的活力度，适度扩大方言的功能。方言规划工作作为国家语文建设工作的一部分，应着手建立有效的联动机制，充分发挥政府部门、学术研究、教育机构、大众传媒以及方言使用者本人的作用，从而为文化传承和和谐语言生活的建设做出贡献。

关键词 方言保护；方言规划；语言资源；语言活力

在我国这样一个地域辽阔、语言和方言多种多样的国家，如何在保护语言多样性与促进经济交流和人际沟通之间取得平衡，一直是一个难题。普通话的推广极大地促进了各地民众之间的经济文化交流。但随着城市化进程的深入，人口流动不断加剧，近年来广东、上海等一些经济比较发达的地区也出现了对方言流失的担忧，方言保护的呼声不绝于耳。事实上多年来，汉语方言的生存和发展问题，一直是学术界、政府职能部门、大众传媒以及普通百姓广泛讨论的问题。

1. 方言保护研究现状

关于方言保护的讨论主要集中在以下几个方面：

1.1 方言保护的合理性与合法性

受过去强势推行普通话的政策以及视多语多言为问题的主导思维模式影响，在一段时间内，是否应该保护方言、保护方言是否有损国家利益等问题都成了广泛讨论的话题。随着人们对方言认识的不断深化，方言保护与地方文化、传统文化遗产保护之间的密切关联，也成为学

* 本研究受到上海市语委“十二五”科研项目“上海地区上海话使用状况及社会语言心理调查”（项目编号 HYW125-A-17）的课题经费资助。

术界和媒体讨论的热点和共识。特别是近年来，语言问题观逐渐为语言资源观所代替，汉语方言作为语料库资源、语言和文化研究资源的地位也得到了明确的肯定（薄守生，2007；徐大明，2008；黄涛，2008；胡明扬，2008；陈章太，2009）。

1.2　方言保护与推广普通话之间的矛盾

早期对汉语方言生存状况的担忧往往是与推广普通话紧密联系在一起的。普通话的推广是不是意味着消灭和压制方言？如何解决推广普通话和保护方言之间的矛盾？这些问题似乎是与方言的生存和发展问题长期共生的。学者们得出的普遍共识是推广普通话绝不是为了消灭方言，积极推广国家共同语的同时要注意保护方言和地域文化，促进普通话和方言的和谐共生（游汝杰，2006）。

1.3　方言生态危机分析

随着全球化和城市化带来的冲击，旧有的语言生态环境发生了更为剧烈的变化，在人口流动加剧、外来人口增多、城市语言日趋多元化的条件下，如何保护地方方言和地方文化的特性也成了人们关注的热点问题（侯永员，2007；钱乃荣，2008；周伟红、许海滨，2009）。

1.4　方言发展策略与规划

当前我国语言规划的重心主要是针对标准语的推广和语言文字规范，外语发展的规划也是近年来提上议程的项目之一。关于方言的地位和发展的讨论，主要集中在对方言地位的界定、方言发展趋势的探索、对方言保护工作的一些原则性认识以及方言保护的具体措施等方面（侯敏，2005；曹志耘，2006；郭龙生，2008；徐大明，2008）。在社会语言生活实践中贯彻实施双语/双言制，成立专门组织和机构，保存和抢救方言，建立方言语音和文字记录，加强对语言多样性政策和思想的宣传等措施被普遍认为是方言保护的主要策略。李宇明（2008）在对我国各种语言资源功能的讨论中对方言的功能进行了专门的讨论，从更为具体的层面为方言的发展提供了切实的政策和理论依据。

2. 方言保护的重要性

作为地方文化的基因和重要的语言资源，方言的重要性是不言而喻的。如果不能遏制其迅速衰退的势头，对我国的文化建设将造成不可估量的损失。

首先，作为交际的工具，普通话作为共同语能够促进不同地区和群体之间的顺利交际。而个性化更强的地方方言，在语言背景相同的人们的交际过程中，则可以确保说话人真实意愿的最充分最准确的表达。互动双方的方言差异越小，沟通度越高，越便于信息的交流。

第二，作为认同的载体，方言是联系地方情感的纽带。语言是民族的重要特征，而方言则是民系的重要特征之一，不同民系的人对自己的方言保持不同程度的语言忠诚（游汝杰，2006），并以此作为群体认同的重要标记。目前，在"大中华圈"（Greater China）的建设中，闽语、粤语、客家话、吴语等方言在聚集海内外华人力量方面都起到了非常重要的作用。

第三，作为文化的载体，方言和地方戏曲等文艺形式之间有着直接的关系。许多戏曲的唱词、曲调、念白等都是以地方方言的声调和语音创作的。失去了方言基础和民俗特色，地方戏剧的唱词就让人难以听懂并在民间传唱（钱乃荣，2010）。失去了方言基础，激越高亢的秦腔、婉转缠绵的越剧、清新活泼的黄梅戏，等等，都无法作为独特的艺术形式存在。除了地方文艺创作对方言的依赖，各地不同的文化心态也可以在语言这面镜子中得到反映。粤语中，"衰"常常用作骂人的话：衰人、衰公、衰仔、衰女。这反映了运气在重商的岭南人中间有多么的重要，衰败因其不可预料和难以救治而显得可能比生病和死亡更可怕（李如龙，2005）。20 世纪 90 年代，由于香港电影的传播作用，这个词在大陆的年轻人中迅速流行起来。然而，由于文化的差异，这个词已经失去了其狠毒泼辣的诅咒色彩，甚至可以作为表达自怜自艾的感叹词，如"我今天真是太衰了"。从另一个角度，我们也可以说这一类方言特征词反映了不同地区人们的思维方式之间的差异。

第四，作为历史的镜子，方言能够反映历史的发展。通过相邻地区方言的比较而得出的关于语言接触的证据，往往能够反映出历史上的重大事件，如人口迁移、战争等。一些传统的带有方言特征的地名，也反映出了历史上这些地区的原貌。例如，在上海，"陆家嘴、肇家浜、马桥"这一类地名非常普遍，反映出历史上上海地区河汉纵横，水资源极为丰富的地理面貌。今天的陆家嘴已经成为世界闻名的金融中心，尽管一切早已物是人非，我们仍然能从这个名字里完成历史的想象。

最后，作为重要的符号资源，方言不仅仅为语言发展的历史提供语料支持，也能够为语言理论的完善提供重要的依据。很多方言的语音、语调仍然保持很强的独特性，这些特征不但为我们厘清汉语发展史的脉络提供语料帮助，而且也为科学地研究语言理论提供了有力的支持。这些类型丰富的语言事实为语言学最终认识语言的共性，提供了非常重要的保证。

尽管方言的重要性是毋庸置疑的，但方言存废之争几十年来，随着国家一体化进程在全球化和城市化背景下迅速深入，关于方言和地方性文化等问题的争议不但没有消失，而且还引发了一些新问题。全球化、城市化和国家一体化过程不可避免地给地方文化、地方利益带来严峻的挑战，网络的迅速普及为人们提供了便捷通畅的表达渠道，而这种表达在强烈的地方主义情绪支配下，有时表现为强烈的排外言论，地域歧视成为网络上长盛不衰的热点话题。极端的方言主义甚至可能会引发政治问题和社会动荡（曹志耘，2006）。为了有效地保护方言资源，遏制地方主义和方言主义的升温，消除群体隔阂和社会语言生活的不和谐，避免使方言之争成为激发矛盾的导火线，我们必须对地方方言的规划进行深入思考，在更为具体的层面有效地保护方言，避免因人为因素使方言文化特征过快流失。

3. 保护方言与规划语言

方言衰退从根本上来说是地方方言语言活力的衰退和社会功能的萎缩。因此，有效地保护方言，充分利用语言资源，前提和基础是对方言发展的系统和科学认识。要在经济发展、国家统一和安定与语言文化的保护和发展之间实现协调发展，在语言规划体系中，就必须切实关注方言，认真做好方言的规划工作。

当前，我国政府对各种语言资源的作用有了充分的认识，并力求科学认识和保护这些文化资源。2011 年 10 月 18 日，中国共产党第十七届中央委员会第六次全体会议通过《中共中央关于深化文化体制改革　推动社会主义文化大发展大繁荣若干重大问题的决定》，指出应加强对优秀传统文化思想价值的挖掘和阐发，维护民族文化基本元素，抓好非物质文化遗产保护传承，大力推广和规范使用国家通用语言文字，科学保护各民族语言文字。

语言规划是政府或学术权威部门为特定目的对社会语言生活和语言本身所进行的干预、调整和管理。通常分为语言地位规划和语言本体规划。前者主要是指确定语言（包括文字）及其变体的社会地位，以及不同场合应该使用什么语言等；后者又被称为语料库规划，主要包括对语言及其文字进行改革、规范、完善等工作，也包括为没有文字的语言创制文字，为文字设计注音方案等。李宇明（2008）认为对语言规划的这两种分类过于粗略，不利于开展细致缜密的具体语言工作，因此提出应该关注语言的功能规划。他根据中国的现状和语言规划惯例，将语言功能分为八类：国语、官方工作语言、教育、大众传媒、公共服务、公众交际、文化和日常交际（包括家庭交际）。

我国的语言规划工作的主要内容主要涉及五个方面：普通话和规范汉字，少数民族语言，汉语方言，外国语文和繁体字。由于学习、使用国家通用语言文字，牵涉到公民的生存权和发展权，是中国公民最基本的语言权利，因此推广普通话成为语言规划工作的核心（陈章太，2005；李宇明，2008），对普通话和规范汉字的地位规划和语料库规划在所有工作当中始终是最为系统、全面的。少数民族语言的发展因其与国家统一、民族团结、社会和谐等重大问题密切相关，也始终是国家关注的重点问题。改革开放和全球化的双重背景之下，对外交流的迫切需要使得外语特别是英语在我国人民的语言生活中迅速且持续地升温。对外国语言文字进行合理规划，确保在积极参与国际交流、吸收外国文化精华与保护和发展本民族语言之间取得平衡也成为管理层和学术界普遍关注的问题（彭泽润，2005；桑哲，2006；左秀兰，2006）。随着语言资源导向的意识逐渐深入，繁体字作为中华民族的宝贵财富，在历史文化的传承、境外华人社区的交往、书法艺术的弘扬、文字学研究等方面的作用也得到了重视，除了一直以来对文字学等学科专门人才的培养，普通群众中存在的对繁体字使用的需求也使得繁体字的发展逐渐被纳入了语言规划的关注范围（李宇明，2008）。

与以上这些语言内容的规划相比，对方言的规划长期处于被忽视的地位。在许多对语言规划的综合性论述当中，几乎找不到汉语方言的位置（陈章太，2005；郭龙生，2007；王辉，2007；资中勇、王文娟，2008；郭熙，2009）。随着语言资源观逐渐深入人心，在一些语言规划研究中，也开始把方言纳入语言规划的视野。语言学家对方言的地位、作用以及方言面临的威胁等问题已经有了明确的共识，然而在如何保护和发展地方方言这一问题上，当前关注的重心仍主要是在宏观层面加深对方言的科学认识，探讨的主要是方言保护的必要性和合理性（侯敏，2005；

郭龙生，2008；徐大明，2008）。

方言究竟能够发挥哪些功能，可以在哪些领域使用，方言生存的空间有多大，在社会语言生活中方言使用的权利有哪些？这些问题在语言规划层面都没有具体的规定，因而在现实生活中引发很多争议，有时甚至会激发较为严重的社会冲突。比如，在地方行政工作中，是使用普通话还是方言？方言作为与普通群众沟通和交流的有效方式，其作用能否得到认可？在教育行业，教师在教学工作中应使用普通话，但这是否意味着在所有的教学场合都不能使用方言？一些地方由于对语言政策中的相关规定没有具体清晰的认识，因此有时也会出现一些过激的措施，引发学生和家长的反感，甚至引起社会的广泛争议。另外在广播电视等公共传媒中，能否使用方言，能够多大限度地使用方言，一直没有具体的规划，这导致了很多节目的一哄而起一哄而散，也引发了很多争议。当公交体系、机场车站、导游导览等语言的公共服务以广播等较为正式的形式使用方言时，总会引起轩然大波。即使在非正式的社会和家庭交际中，很多普通人对能否使用方言，使用方言好不好，特别是对下一代有无负面作用，都有很多模糊混乱的认识。很多家长在家庭生活中，宁可使用蹩脚的普通话也不与自己的后代说方言，认为家庭使用方言对孩子熟练掌握普通话有影响，甚至认为会影响孩子的学习成绩。

能否使用方言，怎样使用方言，能在哪些场合使用方言，这些在具体的语言规划工作中都没有涉及，对方言功能规划的缺乏也使得人们对方言的社会职能认识非常混乱。这样的混乱不仅表现在政府及各种职能部门、服务部门的工作中，也深刻地影响了人们的日常语言运用。受到长期存在的语言问题观的影响，方言的地位长期被简单地与普通话对立起来，似乎发展方言就必然有损普通话的推广。与此同时，方言在历史文化传承和人们的交际、认同等方面的重要作用又是不容忽视的。由于缺乏对方言地位的系统规划，与语言管理有关的一些部门在政策制定和实施上常常在方言的发展与遏制之间不断摇摆。

在语料库建设方面，由于语言文字研究者的研究成果与普通人的生活用语之间缺乏直接的联系，方言辞典和语法等与普通人的生活几乎毫无关系。方言语料库建设长期被认为是语言学者的责任。方言建设中忽视言语社区成员本身的作用，使得方言建设成了无水之源，也大大消解了方言学者努力的价值。许多口语中普遍使用的方言字得不到书面语和正字法的支持，这对方言特征的长期保存是一个直接的威胁。例如上海话中表示“你们”的常用字“侬”在网络聊天中常被写作“拿”“那”“哪”，很少有人知道这个字本身应该怎样书写。当前随着网络在交际中所起的作用迅速扩大，在网络交际中，网民在与其他本地网民交际时常常自发地根据拼音或其他输入法随机选择方言字的使用。这既损害了语言的规范性，也不利于方言的健康发展，对网络交际本身也有一定的阻碍作用。从根本上来说，方言语料库的建设与普通话、规范汉字的建设并不冲突，它对于规范汉字和普通话语法规范在地方性交际中的不足是一种有益的补充；作为重要的语言文化资源，它对于汉语的丰富和发展也将会起到积极的作用。

4. 方言保护的策略规划

就具体的方言保护策略来说，科学利用我国的方言资源，发挥方言在促进区域交际、传承历史文化、表达地区认同等方面的作用，应在以下层面进行科学规划：

第一，应该对我国各种方言变体的实际状况进行具体的调查和研究。当前随着城市化进程的加速，各地人口的流动非常频繁，相邻地区的语言接触和跨区域的语言接触都非常普遍。许多方言受语言接触的影响都发生了非常显著的变化。记录正在变化的语言面貌正是我们保护和开发语言资源亟须解决的首要问题。当前为了有效地抢救和保护我国丰富的语言资源，进一步推动和谐语言生活的构建和发展，国家语委、教育部语言文字信息管理司组织实施了"中国语言资源有声数据库建设"项目，该项目侧重于调查收集各地语言方言的有声语料，通过现代信息技术手段把我国的语言实态有效地保存下来。目前，该数据库在江苏的试点工作已经完成，制定了一系列的工作规范和技术规范，各项工作正在上海、广西、辽宁、北京等地有效推进。然而如果要有效地保护我国语言文化资源，仅靠国家启动的某一类项目是难以实现的。我国大大小小的各种方言丰富多样，有声数据库这样的项目无论多么庞大也无法全面涵盖。只有管理者、研究者和全社会对地方语言资源的地位、作用达成共识，积极对现有的各种语言资源进行调查研究，才能更有效地保护我国的语言文化资源。

开发利用语言资源，首先应通过方言调查来掌握目标方言的使用者的情况，包括能流利使用方言的群体、不能完全使用该方言的人，以及能力很弱的人、消极方式使用两种方言的人、仅仅对某种方言保持记忆的人等，在整个社会中占多大比例，方言的传承状况如何，即少年儿童使用该方言的状况如何。对当前人口中各类人群所占的比例进行深入细致的科学调查，才能明确语言的现状，提出有针对性的发展方案。

第二，对方言的功能应有科学的认识和规划。李宇明(2008:3)把语言的功能分为国语、官方工作语言、教育、大众传媒、公共服务、公众交际、文化传承、日常交际八个层次，其中方言的功能在这八个层次上依次递增。他指出：

> 汉语方言究竟在社会语言生活中应该发挥什么样的功能，现在还缺乏明确的规划。但现实生活中，方言具有相当重要的语言功能：公务员用方言行使职能，教师用方言教学的现象不在少数，在公共服务、公众交际、文化传承、日常交际等领域，方言发挥着不可替代的功能。

当前由于方言政策规定的不明确，有部分地区和企事业单位明令禁止公务人员、教师或窗口服务行业人员使用方言。事实上，我们应该客观地看待用方言作为执政、教育和服务语言的问题。在这些领域双语的使用完全能够解决交际需求，实现语言的功能要求。而且根据服务的对象有针对性地选择语言在事实上能够起到更好的交际效果。对于教师能否使用方言，使用方言是否就意味着不能优质地完成教学任务等问题，还没有形成最终的共识。例如在对李清照的名作《声声慢》的讲解中，使用吴语等南方方言能够清楚地阐释这首词的音乐性，其平仄、押韵的特征也很容易理解。而对于没有相关语言知识和背景的人来说，理解这一点只能够靠对书本知识的死记硬背。在公众交际和公共服务、日常交际等领域，在方言区范围内，使用地方方言和使用普通话相比，其信息传递的准确性和在互动双方之间产生的亲切感，在社会管理和文化传递上都是有积极作用的。

第三，有效保护和发展方言，必须加强学术研究、教育普及、媒体宣传和日常使用之间的联动机制。当前保护和发展方言的责任几乎完全落在了语言研究者的肩上。然而尽管语言学者不断努力，在记录、保存和研究方言方面取得了诸多成就，汉语的各种方言仍旧以不可遏制的速度走向衰退(曹志耘，2006)。因此，我们必须认识到保护和发展方言，仅靠学者的努力、管理者的自觉和媒体的呼吁是难以从根本上改变方言迅速衰退的趋势的。以教育机构和大众传媒作为中介，加强学术研究对日常语言生活的直接影响是我们开展语言保护工作的一个有效途径。

在语言观念方面，对如何正确处理普通话、各地方言、民族语言和外语之间的关系，虽然学术界已经有了比较明确的认识，但一般群众中还广泛存在着一些语言偏见和错误观念。例如汉语具体有哪些重要性？学好母语知识有什么用处？应该怎样正确认识民族语言和方言，各种语言变体和汉语之间的关系如何？不同方言之间的关系是怎样的？这些问题与普通人的日常语言生活息息相关，但现阶段人们对这些问题的认识往往仅仅依赖于自己的直觉和道听途说。甚至某些教育工作者也存在着理解的误区。在错误观念指导下，摒弃母语、盲目崇洋等做法成为非常普遍的现象。在方言保护问题上，很多方言区群众表现出朴素的方言情感，这是非常重要的地方认同，应该在语言规划中得到尊重。但一些人由于认识的局限性，语言忠诚的表达显得很盲目。特别是在网络上形成了一股地域主义势力。我们应当注意科学引导，谨防方言情感发展为方言主义和地方主义。要使人们认识到仅靠自发的情感来保护语言是不现实、不可取的。如果我们能够以教育和媒体为突破点，有效地普及正确的语言观念，确认方言正常的交际功能，对语言态度和现实的语言选择会产生积极引导作用，最终会有助于我国母语文化的保护和发展。

在语言知识方面，应注重学术研究成果的普及，加强对普通群众的语言素养的培养。虽然保护方言的呼声一直很高，但主要是建立在朴素的语言感情至上的感性的呼吁，理性的认识也停留在比较宏观的问题分析上，对方言保护中真正面临的问题和具体发展方略缺乏科学的认识。如何抢救和整理方言语料，语言学界已经有了比较系统的做法。然而在如何将语言文化知识转化为有益的文化成果和怎样发动地方性力量进行言语社区的建设方面，具体的办法还比较少，而这一点恰恰是维护方言生态发展中的关键环节。学术界对汉语的研究已经非常深入，但这些知识并没有转化为普通人的文化营养，绝大部分人的汉语知识仅限于中小学阶段教育残留的记忆。人们对语言的使用处于普遍的无意识状态。怎样正确有效地使用语言，那些我们认为理所当然的话语背后隐藏着哪些秘密，我们所说的话受到哪些规则的制约，我们的语言和别人有何差别和联系，怎样从语言的轨迹中看见历史、地理和文化，诸如此类的各种问题不但是语言学者要研究和探索的，也是普通人非常关注和感兴趣的话题。日常生活中人们很少思考这些问题，通常是以毫不知情、理所当然的态度使用着自己的语言。然而这并不意味着人们对知识毫无兴趣，也不意味着语言知识应该专属于语言学家。长期以来，与各种自然、地理发现、历史事件相关的电视记录片一直都有很好的观众基础，这说明大众对拓宽视野、提高自己的知识水平有很大的需求。

近年来，《百家讲坛》、《东方大讲坛》等栏目中涌现了一大批广受欢迎的专家学者。他们在文学欣赏、文化传承、历史知识普及等方面起到了非常重要的作用，大众学习历史、文化的热情被积极调动起来，这些栏目本身也成为收视率和社会效益双赢的典范。尽管对某些学者的言论和学术思想，学界有不同的评价，但我们必须承认只要让观众开始关注和思考就是有正面效益的。语言规划也可以借鉴这些成功的先例，开发方言除了娱乐以外的多重功能，如教育、文化的传承与交流等。可以着手开发以语言（包括方言）文化知识介绍为主题的报刊、广播、电视栏目，语言知识，地方语文历史、语言地貌、人文、风土人情、语言观念，民间语文和词汇发展等都可以作为有趣的话题。将学术成果转化为普及性知识，激发人们对语言本身的兴趣，提高人们的语言素养，激发人们对民族语言的尊重和热爱。

5. 结语

我国的语言规划观念和实践正处于不断发展和完善的过程中。虽然当前方言规划工作仍处于待开发状态，但随着管理者和研究者对国家语言整体规划的充分认识和语言资源观的进一步深入，方言规划一定会找到属于自己的位置。在方言规划工作中，明确方言的合法地位，给予方言发展适度的空间，在不阻碍国家普及和推广通用语的前提下，方言文化的发展可以为国家通用语的发展提供必要和有益的补充。语言规划工作有很强的现实性，在具体的工作中我们应该积极调动一切力量，充分有效地发挥管理者、专家学者、教育机构、大众传媒和方言使用者本人的作用，繁荣和发展中华民族的语言和文化，建设和谐的社会生活。

参考文献

薄守生　2007　关于“语言作为非物质文化遗产”的思考，《汉字文化》第6期，65—77页。
曹志耘　2006　汉语方言：一体化还是多样性？《语言教学与研究》第1期，374—384页。
陈章太　2005　当代中国的语言规划，《语言文字应用》第1期，2—12页。
陈章太　2009　语言资源与语言问题，《云南师范大学学报》第4期，1—7页。
郭龙生　2007　略论当前语言规划的类型，《语言教学与研究》第6期，67—73页。
郭龙生　2008　中国现代化进程中的语言生活、语言规划与语言保护，《中国人民大学学报》第4期，34—38页。
郭　熙　2009　华语规划论略，《语言文字应用》第3期，45—52页。
侯　敏　2005　有关我国语言地位规划的一些思考，《语言文字应用》第4期，2—7页。
侯永员　2007　浅论方言弱化因素及其保护策略，《科技信息》第4期，139—140页。
胡明扬　2008　语言文化遗产与语言保护，《中国人民大学学报》第4期，26页。
黄　涛　2008　语言文化遗产的特征、价值与保护策略，《中国人民大学学报》第4期，27—33页。

李如龙　2005　关于方言与地域文化的研究,《泉州师范学院学报》第 1 期,48—55 页。

李宇明　2008　语言功能规划刍议,《语言文字应用》第 1 期,1—7 页。

彭泽润　2005　"英汉双语教学"跟"国家汉语战略"矛盾——语言学家、南开大学博士生导师马庆株教授访谈录,《北华大学学报》第 2 期,24—27 页。

钱乃荣　2008　新世纪的语言环境和上海话的变化,载上海市社会科学界联合会编《上海市社会科学界第六届学术年会文集(2008 年度)》(哲学·历史·文学学科卷),126—134 页,上海人民出版社。

钱乃荣　2010　上海的方言戏剧和海派文化,《上海戏剧》第 4 期,8—19 页。

桑　哲　2006　1949 年后中国语言规划研究初探,《现代语文》(语言研究)第 11 期,27—37 页。

王　辉　2007　语言规划的资源观,《北华大学学报》(社会科学版)第 4 期,69—72 页。

徐大明　2008　语言资源管理规划及语言资源议题,《 郑州大学学报》(哲学社会科学版)第 1 期,12—15 页。

游汝杰　2006　方言与普通话的社会功能与和谐发展,《修辞学习》第 6 期,1—8 页。

周伟红、许海滨　2009　方言式微的原因及高校应发挥的作用,《国家行政学院学报》第 1 期,86—89 页。

资中勇、王文娟　2008　中国语言地位规划述略,《现代语文》(语言研究)第 7 期,4—8 页。

左秀兰　2006　面对英语渗透的语言规划,《语言文字应用》第 2 期,29—35 页。

Dialects Protection and Language Planning

Lei Hongbo

Abstract As language-as-resources orientation has gained great consensus as an ideology in Chinese language planning, the importance of Chinese dialects has been well accepted among language researchers. However, dialect planning has not been put to the agenda of language planning system yet. This article maintains that status planning and corpus planning of dialects should be put into the system of Chinese language planning. Laws and legislation concerning language rights should also define clearly the position of dialects and language rights of dialect speakers. Based on the scientifically designed language survey of the concerning dialects, dialect planers should try to promote the vitality of dialects and explore the multifunctional expression of dialects. An interactive mechanism should be built to coordinate between the language planners, researchers, educators, mass media and the speakers, thus to contribute to more efficient exploration of the language resources.

Keywords dialect protection; dialect planning; language resources; language vitality

(雷红波　上海大学文学院)

子尾儿化叠置现象的社会变异研究*

——以中原官话区蔡鲁片兖州方言点为例

杨文波

提要 本文运用社会语言学的方法调查了中原官话区蔡鲁片的兖州方言中子尾词形式与儿化词形式的叠置现象。调查结果显示，处于叠置位置的子尾词形式较古老，儿化词形式则较新近；老年人倾向于子尾词，青年人倾向于儿化词；男性倾向于读子尾词，女性较倾向于读儿化词；两种叠置形式已经处在竞争末段，儿化词形式在竞争中胜出。

关键词 兖州方言；子尾词；儿化词；叠置；社会变异

1. 引言

兖州(县级市)方言处于山东省西南部，从方言分区上看隶属中原官话区蔡鲁片(贺巍，1985:163)。笔者调查的杨家庄村方言点位于兖州市西部郊区，此外，《兖州市志》的《卷二十九 方言》(兖州市地方史志编纂委员会，1997:836—837)记录了兖州市区方言的语音面貌，笔者将其与郊区的杨庄方言比较后发现语音差别不大，杨庄方言点可代表整个兖州方言点的语音面貌，故以下为行文方便，皆称兖州方言，而不再提及杨庄方言点。

本人在调查该方言点的郊区词汇时发现：在 3400 余个词汇中，儿化词有 1200 余个，子尾词 400 余个，其中同义叠置的有 138 对，且主要集中在名词(113 对)部分。

表 1　兖州方言子尾儿化同义叠置词举例

词义	儿化词形式	子尾词形式
雨点	雨点儿[y^{33} $tiɛr^{33}$]	雨点子[y^{33} $ti\tilde{ɛ}^{33}$ $tsɿ^{0}$]
山药豆	山药豆儿[$sɛ^{445}$ ye^{0} $tər^{312}$]	山药豆子[$sɛ^{445}$ ye^{0} $tə^{312}$ $tsɿ^{0}$]
庭院	当院儿[$taŋ^{445}$ $yɛr^{312}$]	当院子[$taŋ^{445}$ $y\tilde{ɛ}^{312}$ $tsɿ^{0}$]

* 本文得到薛才德教授和游汝杰教授的指导与帮助，谨致谢忱。

需要说明的是，除了以上同义叠置词以外，该方言还有少数异义叠置词，即构词成分相同，但其词义甚至词性不同，如下表：

表 2　构词成分相同但词义不同的儿化词与子尾词列表

词根	例词	词性	词义
蒙生	蒙生儿[məŋ⁴⁴⁵ sər⁴⁴⁵]	形容词	形容雨下得极小
	蒙生子[məŋ⁴⁴⁵ səŋ⁴⁴⁵ tsɿ⁰]	名词	一种路边的细小飞虫
扒叉	扒叉儿[pa⁴⁴⁵ tsʰar³³]	动词	用手或借助工具进行清理、打扫
	扒叉子[pa⁴⁴⁵ tsʰa³³ tsɿ⁰]	名词	簸箕或一种收拾杂物的工具
瓜搭	瓜搭儿[kua⁴⁴⁵ tar³³]	名词	一种面做的食物
	瓜搭子[kua⁴⁴⁵ ta³³ tsɿ⁰]	名词	蒲团，一种垫在屁股下面的坐具

从词性分布来看，该方言的儿化涉及名词、量词、动词、形容词、副词、数词六类，而该方言的子尾却仅分布于名词和量词两类之中。从功能上来看，该方言儿化的构词功能远胜于其子尾的构词功能(详见表 3)。这样看来，是该方言中儿化与子尾的词性分布和功能的不对称造成了表 2 所述的例外。

表 3　兖州方言儿化与子尾功能对比表

功能①	词类	是或否②	例词
A 表小称	儿化词	是	针儿(通常是表小针)
	子尾词	受限③	桌子(一般不知道桌子的大小)
B 表亲昵或喜爱	儿化词	是	小儿(长辈对晚辈的面称或对儿子的背称)
	子尾词	否④	小子(对儿子的背称或对年轻男子的蔑称)
C 表戏谑	儿化词	是	老妈儿妈儿(对老太太的蔑称)
	子尾词	否⑤	老妈子(对老太太的蔑称)
D 表轻松	儿化词	是	恣儿(形容人舒适惬意的样子)
	子尾词	受限⑥	鸽子(无明显的轻松义)
E 区分词义	儿化词	是	胆(身体器官或瓶胆、球胆)→胆儿(胆量)
	子尾词	是	胆(身体器官或瓶胆、球胆)→胆子(胆量)
F 区别词性	儿化词	是	干(形容词)→干儿(名词)
	子尾词	是	扒叉(动词)→扒叉子(名词)

注：①本栏中的 A/B/C/D 是语用功能，E/F 是语法功能。

②本栏中的“是”表示所列词类有该功能，“否”表示没有该功能，“受限”表示所列词类若要表达该功能需要借助一些特殊手段。

③子尾词表小称需要加“小”，如：“桌子”(无小称义)→“小桌子”(有小称义)。

④子尾词非但不表亲昵喜爱，反倒经常有轻蔑义，如其后例词中的“小子”除指“对儿子的背称”之外，还指“对年轻男子的蔑称”；再如，“妮子”相对于“妮儿”来说，亲昵喜爱之义并不明显。

⑤子尾词不具有儿化词的戏谑功能。如同样是老太太的蔑称，但“老妈子”只是纯粹的蔑称而已，而“老妈儿妈儿”则在蔑称之外含有一种戏谑的味道；再如同样指“坐牢”的“蹲黑屋子”和“蹲黑屋儿”，“蹲黑屋子”较中性，而“蹲黑屋儿”则有种幸灾乐祸的味道。

⑥子尾词表轻松需要借助两种手段：一是子尾儿化，如鸽子（无明显轻松义）→鸽子儿（轻松义明显）；二是借助语境，如串门子（闲着没事就串串门子呗）。

2. 子尾儿化的叠置现象

在调查该方言点的词汇时，还有一个有趣的现象：对于存在同义叠置形式的儿化词与子尾词，老年人似乎倾向于子尾词形式，年轻人似乎倾向于儿化词形式。鉴于该方言中有可能存在子尾儿化叠置社会变异这一情况，本人进行了一次社会变异调查。

调查方法：“看图说词”调查法。笔者选取了11个较具代表性的名词并将其转化为图片，以便采取“看图说词”的方法进行调查。在调查时，调查者将已打印好的图片交由被调查者，并让被调查者用本地方言说出图中所示事物的名称，调查者不做任何提示，以免造成干扰。

由于篇幅所限，下面就此次调查所用到的图片进行简单举例：

图1　木鱼

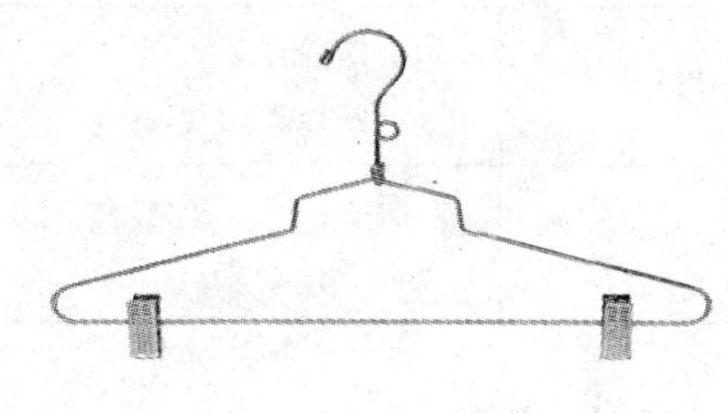

图2　衣架

此次调查的11个名词分别是：木鱼、面条、衣架、黑板擦、马蜂窝、蝌蚪、脸盆、烟盒、脸、手指甲、脚背。11个被调查条目的子尾儿化词叠置情况见下表：

表4　被调查条目的子尾儿化叠置情况列表

读法 / 实物	子	儿	新儿化
木鱼	波拉鱼子 [po^{445} lə^{0} y^{42} tsɿ^{0}]	波拉鱼儿 [po^{445} lə^{0} yər^{42}]	木鱼儿 [mu^{445} yər^{42}]
面条	面条子 [miɛ̃^{312} t^{h}iɔ^{42} tsɿ^{0}]	面条儿 [miɛ̃^{312} t^{h}iɔr^{42}]	
衣架	衣裳撑子 [i^{445} sɑŋ^{0} ts^{h}əŋ^{445} tsɿ^{0}]	衣裳撑儿 [i^{445} sɑŋ^{0} ts^{h}ə̃r^{445}]	

（续表）

实物＼读法	子	儿	新儿化
黑板擦	黑板擦子 [xe^{445} $p\tilde{\varepsilon}^{33}$ ts^har^{445} $ts\eta^0$]	黑板擦儿 [xe^{445} $p\tilde{\varepsilon}^{33}$ ts^har^{445}]	
马蜂窝	马蜂窝子 [ma^{33} $f\partial\eta^{445}$ uo^{445} $ts\eta^0$]	马蜂窝儿 [ma^{33} $f\partial\eta^{445}$ uor^{445}]	
蝌蚪	蛤蟆蝌车子 [x^{42} $m\partial^0$ k^{h445} ts^{h0} $ts\eta^0$]	蛤蟆蝌车儿 [x^{42} $m\partial^0$ k^{h445} ts^hr^0]	蝌蚪儿 [k^{h445} $t\partial r^{33}$]
脸盆	洗脸盆子 [$li\tilde{\varepsilon}^{33}$ $p\partial n^{42}$ $ts\eta^0$]	洗脸盆儿 [$li\tilde{\varepsilon}^{33}$ $p\partial r^{42}$]	
烟盒	烟盒子 [$i\tilde{\varepsilon}^{445}$ x^{42} $ts\eta^0$]	烟盒儿 [$i\tilde{\varepsilon}^{445}$ xr^{42}]	
人的腮部	腮帮子 [$s\varepsilon^{445}$ $p\alpha\eta^{445}$ $ts\eta^0$]	腮帮儿 [$s\varepsilon^{445}$ $p\tilde{\alpha}r^{445}$]	
手指甲	手指指盖子 [$s\partial^{33}$ $t\text{ɕ}i^0$ $t\text{ɕ}i^0$ $k\varepsilon^{312}$ $ts\eta^0$]	手指指盖儿 [$s\partial^{33}$ $t\text{ɕ}i^0$ $t\text{ɕ}i^0$ $k\varepsilon r^{312}$]	
脚背	脚面子 [$t\text{ɕ}ye^{445}$ $mi\tilde{\varepsilon}^{312}$ $ts\eta^0$]	脚面儿 [$t\text{ɕ}ye^{445}$ $mi\varepsilon r^{312}$]	

3. 调查结果分析

依照“看图说词调查法”，笔者拿前述的 11 个名词的图片进行了调查。调查对象的基本情况：杨庄村现有人口五百余人，笔者随机走访了其中 100 位常住居民。其中，男性居民 48 人，女性居民 52 人；青年居民（35 岁以下）28 人，中年居民（35 至 55 岁）37 人，老年居民（55 岁以上）35 人。

调查结束后，对调查所得数据做包括频数分布、交互分类、相关等在内的统计分析。由于被调查人的教育水平多为初中或初中以下，因此教育水平对此次调查的结果没有太大影响，故而此次调查只考察性别因素和年龄因素对子尾儿化社会变异的影响。

3.1　叠置状态下子尾儿化的频数分布

统计后得出兖州方言子尾儿化叠置的总体频数分布（见表 5），“子”出现 294 次，占总词频的 26.7%；“儿”出现 677 次，占总词频的 61.5%。可见，儿化词占优势，子尾词则处弱势。

表 5　子尾儿化叠置的频数分布总表

	子	儿	子/儿	非子非儿	新儿化	数据缺失
词频(次)	294	677	15	8	84	27
百分比(%)	26.7	61.5	1.3	0.7	7.6	2.5

在进行了总体的统计分析之后,我们再列出各被调查词条的子尾儿化频数分布,见表 6。观察表 6,我们发现:从"a 衣架"至"k 马蜂窝",读"子"的人数递减,读"儿"的人数递增。这反映出各个被调查词语的变化速度是不一致的,"衣架""脸""脚背"等还处在子尾儿化的相互竞争阶段,而"脸盆""烟盒""木鱼""面条""马蜂窝"等则是儿化胜出,甚至在"蝌蚪"和"木鱼"两词中还产生了新的儿化词——"蝌蚪儿"和"木鱼儿"。这两个新生儿化词可能是普通话推广的产物。

表 6　子尾儿化叠置的频数分布详表

人数＼读法 实物	子	儿	子/儿	非子非儿	新儿化	数据缺失
a 衣架	58	40	1	0	0	1
b 脸	55	38	2	3	0	2
c 脚背	54	44	1	0	0	1
d 黑板擦	46	49	2	0	0	3
e 蝌蚪	35	14	3	0	48	0
f 手指甲	23	74	2	0	0	1
g 脸盆	7	87	1	5	0	0
h 烟盒	6	92	1	0	0	6
i 木鱼	5	45	2	0	36	12
j 面条	3	97	0	0	0	0
k 马蜂窝	2	97	0	0	0	1

那么为什么被调查词语中有的变化快,有的变化慢呢?我们只能就部分词语做推测性解释。"b 脸"和"c 脚背"属于人体词汇,这些人体词属于基本词汇库中较基础、较稳固的词语,不易发生变化,或者说不易过早发生变化。而同属人体词汇的"f 手指甲"却发生了较快的变化,其原因可能在于:"手指甲"所指事物较小,易于用"表小称"功能不受限的儿化来表达,而子尾在"表小称"功能上则是受限制的(详见表 1)。至于为什么其他词有快有慢,有待于进一步研究。

3.2　叠置状态下子尾儿化与性别的交互分类

从表 7 我们可以看出男性使用"子"的比重略高于女性,女性使用"儿"的比重则略高于男性，即男性相对倾向于使用子尾词，女性则相对倾向于使用儿化词。

表7　叠置状态下子尾儿化与性别的交互分类总表

说法 \ 词频（次）及比重 \ 性别		男	女	合计
子	词频(次)	159	135	294
	比重(%)	34.2	26.7	
儿	词频(次)	306	371	677
	比重(%)	65.8	73.3	
合计	词频(次)	465	506	971
	比重(%)	100	100	

注：①由于本表旨在观察处于叠置状态下的子尾、儿化的社会变异，故未将调查所得的“子/儿”“非子非儿”“新儿化”以及“数据缺失”等项的数据列出。本节以下诸表同。

②表中所列百分比是各自所占性别总词频的百分比，如34.2%是指“子”在男性中使用的比重为34.2%。

现在我们再来看各词条的具体情况，见表8。观察表8，我们可以较明显地看到性别对各词条子尾儿化的影响：(1)在“手指甲”和“脚背”两词中，男性多使用“子”，较少用“儿”。女性则相反，多用“儿”，而较少用“子”。(2)在“木鱼”“脸”“马蜂窝”“黑板擦”“面条”“脸盆”“烟盒”八词中，使用“儿”的人数也是女性多，男性少。(3)只有在“衣架”一词中出现了相反的情况，男性多使用“儿”，女性却多使用“子”。

表8　各词条与性别交互分类表

读法		性别		总计
		男	女	
手指甲	子	16	7	23
	儿	30	44	74
脚背	子	34	20	54
	儿	14	30	44
木鱼	子	3	2	5
	儿	17	28	45
脸	子	29	26	55
	儿	16	22	38
马蜂窝	子	2	0	2
	儿	46	51	97
蝌蚪	子	18	17	35
	儿	6	8	14

（续表）

读法		性别		总计
		男	女	
黑板擦	子	24	22	46
	儿	22	27	49
面条	子	2	1	3
	儿	46	51	97
脸盆	子	2	5	7
	儿	42	45	87
烟盒	子	4	2	6
	儿	44	48	92
衣架	子	25	33	58
	儿	23	17	40

3.3　叠置状态下子尾儿化与年龄的交互分类

由表 9 可见，老年使用子尾词的比重大于非老年（36.5% > 26.5%），非老年使用儿尾词的比重大于老年（73.5% > 63.5%），也就是说，老年比非老年更多选择子尾词，而非老年比老年人更多选择儿化词。

表 9　叠置状态下子尾儿化与年龄的交互分类表

说法 \ 词频（次）及比重 \ 年龄		非老年（55 岁以下）	老年（55 岁以上）	合计
子	词频（次）	160	134	294
	比重（%）	26.5	36.5	
儿	词频（次）	444	233	677
	比重（%）	73.5	63.5	
合计	词频（次）	604	367	971
	比重（%）	100	100	

再看一下各词条的具体情况，见表 10。通过观察，我们发现年龄因素对子尾、儿化也有一定的影响，特别是在“黑板擦”“蝌蚪”“脸”三词中，随着年龄上升，使用子尾词的人数也在随之上升，而使用儿化词的人数却在下降，其他词条的年龄因素则不太明显，其原因可能与“子尾儿化处在竞争末段”有关。

表 10　各词条与年龄交互分类表

读法		年龄			总计
		青年	中年	老年	
黑板擦	子	6	17	23	46
	儿	21	18	10	49
蝌蚪	子	0	11	24	35
	儿	0	5	9	14
脸	子	13	19	23	55
	儿	12	16	10	38
马蜂窝	子	1	1	0	2
	儿	26	36	35	97
脚背	子	18	14	22	54
	儿	9	22	13	44
木鱼	子	0	0	5	5
	儿	0	22	23	45
面条	子	1	0	2	3
	儿	27	37	33	97
脸盆	子	1	3	3	7
	儿	24	33	30	87
烟盒	子	3	1	2	6
	儿	24	35	33	92
衣架	子	16	22	20	58
	儿	12	15	13	40
手指甲	子	7	6	10	23
	子	19	31	24	74

3.4　叠置状态下子尾儿化与性别、年龄的相关性分析

为了进一步详细了解该方言子尾儿化叠置现象与性别、年龄之间的相互关系，笔者又进行了相关统计量的运算。

在进行相关统计之前，先要给表 7 和表 9 这两个交互分类表进行定性，原因是不同性质的交互分类表要用不同的相关。λ(Lambda)相关和 τ(tau-y)相关适用于定类变量或定类与定序变量之间的相关计算，G(Gamma)相关适用于两个定序变量的相关统计，相关系数 r(又称皮尔逊相关系数)适用于两个定距(包括定值)变量的相关统计，η^2(eta)相关适用于定距与定类或定序之间的相关统计。

因表 7 和表 9 同属定类变量之间的交互分类表，故而可用 λ(Lambda)相关和 τ(tau-y)相

关进行计算。但是λ(Lambda)相关有一个限制条件，即当众数出现在同一行时，λ(Lambda)相关的方法不适用。表7和表9的众数均出现在同一行，如表5的306和371以及表6的174、270和233均在同一行。因此，我们只能用τ(tau-y)相关进行计算。

根据表7计算叠置状态下子尾儿化与性别的τ(tau-y)相关值为0.007，根据表9计算叠置状态下子尾儿化与年龄的τ(tau-y)相关值为0.011。

从计算所得的τ值来看，性别τ值0.007和年龄τ值0.011都不免低了一些，作为数据来说明问题也略显苍白无力，其原因一方面可能跟"儿化在与子尾的竞争中已占绝对优势"有关，另一方面可能跟调查样本较小(被调查人数仅100人)有关。但我们仍然可以根据计算所得的τ值得出一些有价值的结论，如根据"年龄τ值0.011>性别τ值0.007"，我们知道年龄与子尾儿化叠置变异的相关大于性别的相关，即年龄对子尾儿化叠置变异的影响超过了性别的影响。

现在我们再来看一下各词条与性别、年龄的相关。由于表8属于定类变量之间的交互分类表，表10属于定类与定序变量之间的交互分类表，且二表的众数均在同一行，所以仍然要使用τ(tau-y)相关进行计算。现将τ(tau-y)相关值列表如下：

表11　各词条与性别、年龄的τ相关值

相关值 / 变量 / 词条	性别	年龄
手指甲	0.090	0.029
脚背	0.113	0.053
衣架	0.038	0.020
马蜂窝	0.031	0.018
黑板擦	0.008	0.092
蝌蚪	0.039	0.291
脸盆	0.024	0.030
烟盒	0.027	0.030
脸	0.033	0.085
木鱼	0.052	0.367
面条	0.004	0.011

观察表11可以发现：(1)与性别有较高相关的词条是"手指甲"和"脚背"。(2)与年龄有较高相关的词条是"木鱼""蝌蚪""黑板擦"和"脸"。(3)比较年龄τ值和性别τ值，"性别τ值>年龄τ值"的有4个词条("手指甲""脚背""衣架"和"马蜂窝")，"年龄τ值>性别τ值"的有7个词条，即性别影响更大的词条有4个，年龄影响更大的词条有7个。前文总词频亦有"年龄τ值0.011>性别τ值0.007"，可见年龄对于子尾儿化叠置变异的影响的确大于性别的影响。

4. 调查结论

通过兖州方言中子尾儿化叠置现象的调查与分析，我们可得出如下结论：(1)兖州方言的子尾儿化叠置变异，已处在子尾与儿化竞争的末段，儿化已占绝对优势，同时在叠置位置上已经胜出的儿化词还产生了新的儿化词，如"木鱼儿"和"蝌蚪儿"。(2)年龄因素对兖州方言子尾儿化社会变异的影响较为显著，老年人倾向于子尾词，青年人倾向于儿化词；性别因素对兖州方言子尾儿化的社会变异也有一定影响，男性倾向于读子尾词，女性较倾向于读儿化词。年龄因素对兖州方言子尾儿化社会变异的影响大于性别因素的影响。(3)性别和年龄因素的影响只在被调查的少数词语中有所表现，而不容易在大多数词中表现出来，其原因可能跟"儿化在与子尾的竞争中已占绝对优势"有关。

参考文献

贺 巍 1985 河南山东皖北苏北的官话(稿)，《方言》第3期，163—170页。

李思敬 1986 《汉语"儿"音史》，北京：商务印书馆。

翁定军 2006 《社会统计》，上海：上海大学出版社。

兖州市地方史志编纂委员会 1997 《兖州市志》，济南：山东人民出版社。

Studies on the Social Variation of the Overlay on Zi-tail and Final Rhoticization

Yang Wenbo

Abstract This paper is mainly about a social survey on the overlay of Zi-tail words and final rhoticization words in Yanzhou dialect, which belongs to the Cailu of Zhongyuan Mandarin Dialect district. The result is that Zi-tail words are old words, while final rhoticization words are new words. The old and men favor Zi-tail words, while the young and women favor final rhoticization words. And till now final rhoticization words have won.

Keywords Yanzhou Dialect; Zi-tail words; final rhoticization words; overlay; social variation

(杨文波 复旦大学中文系)

“淘宝体”使用中的性别差异探析

河崎深雪

提要 本文以网络新语体“淘宝体”网上卖家与买家对话和淘宝商城微博转播的消息为语料，考察了“淘宝体”的流行原因。通过语料分析，我们发现“淘宝体”的特点主要表现在频繁使用“亲”“哦”以及符号“～”上；通过对使用“淘宝体”的群体进行的问卷调查，我们发现这些词语和符号的使用存在着性别差异，我们对这种性别差异做出合理的解释。

关键词 淘宝体；性别差异；女性标记；亲

1. 引言

随着网络技术和移动技术的发展，互联网和手机已成为生产网络新语体和流行语的工厂。新语体的生命力取决于它的“新鲜感”，新语体大量涌现，其生命周期越来越短，除了部分新词语外，大部分语体和流行语都只是昙花一现。笔者认为这是中国网络流行语的特征之一，在日本，并没有这么多的网络语体。

如今，语言学界对网络虚拟领域的社会语言学研究日益增多，有网络语言的语体学研究（张玉玲，2008），也有关于网络语言的性别研究（沙日娜，2009；骆巧丽，2010），但网络新语体中性别差异的研究，目前还未见发表。

2. 网络新语体

互联网上经常会由于某条广告或者偶然事件，出现很多语体，这些语体都具有鲜明的句式特征，在日常生活中不经常用到，我们把这一类语体叫作网络新语体。

2.1 常见的网络新语体

近些年来，笔者一直在关注网络新语体的发展，现列举出几个代表性的网络新语体：

(1) 凡客体[1]：爱……，爱……，不爱……

(2) 咆哮体[2]：伤不起……有木有！！！

(3) 蓝精灵体[3]：在那山的那边海的那边有一群……

（4）淘宝体：亲，包邮哦。

本文主要研究的“淘宝体”是一种说话的方式，最初见于淘宝网上卖家对商品的描述中，卖家把买家称呼为“亲”，用“亲”和“哦”等词语来与买家进行交流。在这里，“亲”一般被理解为“亲爱的”简称。

“淘宝体”一开始只是网络上的一种语体，然而在社会生活中也逐渐被大众所接受。2011 年，南京理工大学的录取通知短信中就运用了“淘宝体”：“亲，祝贺你哦！你被我们学校录取了哦！南理工，211 院校噢！奖学金很丰厚哦！……”2011 年，烟台市公安局在官方微博上也运用了“淘宝体”来发布通缉令：“各位在逃的兄弟姐妹，亲！立冬了，天冷了，回家吧，今年过年早，主动投案有政策，私信过来吧。”如此通缉令一经发布，便引起了关注。

在日常生活中，也经常能看到“淘宝体”。华中科技大学学生宿舍的开水器上就贴着“亲，小心烫手，痛痛！”的语句，在宿舍的黑板上也有“亲～，……今晚八点半，电信国防生、经院众多帅哥美女在爱广等着你来学舞哦～”。

2.2　网络新语体的流行内因

关于网络新语体流行的内因，很多学者从不同的角度都做过分析。钱晓玮(2011)认为，网络流行体是一种具备共同特定句式结构和标志性词汇的语句集合或者创作手法。每一种流行体通常具有一段原始的语言作为“母本”。何自然(2005)和吴燕琼(2009)用“模因论”、黄碧云(2011)用“传播理论”分别对网络新语体的流行原因进行了剖析。然而，笔者认为这种新语体恰似宋词的填词，在对流行语中的部分词语进行置换之后，得出了易于上口、幽默诙谐的新语体。

3. “淘宝体”的句法分析

“淘宝体”在网络和现实中被疯狂地复制，在实际运用中也不拘一格了。笔者通过对收集到的淘宝网卖家和买家的对话记录和淘宝商城微博消息的分析，来对“淘宝体”的句法进行分析。

3.1　“亲”作称呼语

[1] 亲，分开拍下的呢，这款是没有收取的哈。【卖家“香袭怡人”，淘宝网】

[2] 亲，您好，欢迎光临小店。【卖家“释意饰品：kk_米米”，淘宝网】

3.2　“亲”作主语

[3] 淘金币款的包，亲可以先拍下的哈。【卖家“香袭怡人”，淘宝网】

[4] 亲是今天要先付这个款哈？【卖家“香袭怡人”，淘宝网】

[5] 如果亲，看上哪一套要尽快拍的额。【卖家“肌情美植专卖店：悦美”，淘宝网】

3.3　“亲”作宾语

[6] 祝亲生活愉快的哦。【卖家“以美旗舰店”，淘宝网】

3.4 “亲”作定语

［7］您好，欢迎亲的光临，您需要什么呢？【卖家“鱼和梦一起飞翔”，淘宝网】

3.5 “亲”作兼语

［8］验证无误后麻烦亲确认下，并对我的服务作出评价哦。【卖家“鱼和梦一起飞翔”，淘宝网】

3.6 放在句末的“亲”

［9］好的亲，已经帮亲。好的哈亲，不客气哈亲。【卖家“香袭怡人”，淘宝网】

［10］在的亲，您好……是的亲，包邮的亲。【卖家“释意饰品：kk_米米”，淘宝网】

［11］不客气哟亲。【卖家“tothertoother：notice”，淘宝网】

［12］保险哦亲。客气的那亲。好了亲。明天发哦亲。【卖家“于吉锋：shoebaobei”，淘宝网】

3.7 “亲……哦～”的连用形式

［13］亲，付款后1—2天尽快发出的哦～。【卖家“tothertoother：notice”，淘宝网】

3.8 “亲”与其他词语的组合

［14］这位亲，现在应该已经用上新电视了吧。【淘宝商城微博】

［15］把包裹寄到公司的亲们，记得周一上班后早点去小邮局哦，不然要排队了。【淘宝商城微博】

［16］其他亲们，你们的宝贝都用上了吗？【淘宝商城微博】

［17］据说下周开始降温，亲们，你们的羽绒服和各种保暖小物件都准备好了吗？【淘宝商城微博】

从例［1］、例［5］、例［7］和例［11］我们看出，句末的语气词除了“哦”之外，还用“哈”“额”“呢”“哟”等来缓和语气。另外，“亲”不但能单用，还可以与“这位”“们”进行组合，甚至出现在了祝福语“祝亲生活愉快的哦”和客套话“欢迎亲的光临”中，来代替第二人称“你”或“您”。

4.“淘宝体”使用过程中性别差异的调查

在淘宝网店的交易中，卖家与买家中有男有女，所以使用“淘宝体”本应无性别差异。但是笔者在对日常生活中“淘宝体”的使用情况进行调查后发现，男女使用“亲”“哦”等词频率的差异很大。

4.1 调查对象及方法[4]

在本次调查中，参与人数455人，其中男性211人（占44.08%），女性255人（占55.92%），年龄主要分布在15岁以上30岁以下，多为本科生和已经毕业的学生。被调查人主要分布在湖北（44.3%）、广东（10.75%）、北京（9.21%）、湖南（5.48%）、江西（4.17%）、甘肃（3.51%）、上海（3.29%）。

我们主要是通过认识的人以及他们介绍的人在网上填写问卷的方式，来揭示男性和女性在使用“淘宝体”过程中的差异。

4.2 调查结果

第 1 题:您看到过这种“亲”和句末“哦”的使用吗?

选择“看到过”的有 449 人,占样本总数的 98.46%,回答“没看到过”的有 7 人,占样本总数的 1.54%。

第 2 题:在哪里看到过?(多选题)

选择“网络上”的有 436 人,占样本总数的 95.61%,回答“生活中”的 172 人,占样本总数的 37.2%。

第 3 题:您自己用“亲”吗?

答卷情况见表 1。

表 1　“亲”的使用统计

	常用		不用		偶尔用		合计
	人数	%	人数	%	人数	%	人数
男	22	10.95	126	62.69	53	26.37	201
女	43	16.86	101	39.61	111	43.53	255

从使用人数上来看,女性使用“亲”的比例为 60.39%,男性的使用比例为 37.32%。

第 4 题:您自己在句末用“哦”吗?

回答结果见表 2。

表 2　“哦”的使用统计

	常用		不用		偶尔用		合计
	人数	%	人数	%	人数	%	人数
男	66	32.84	56	27.86	79	39.30	201
女	144	56.47	28	10.98	83	32.55	255

“哦”跟“亲”不一样,是个普通的语气词,所以使用“哦”是正常现象。在这里我们应该关注的是“不用”的比率。男性不用的比率是 27.87%,而女性的比率是 10.98%,明显地低于男性。由此可以看出,“哦”这个字,女生比较喜欢用。

第 5 题:您写短信、邮件,网络聊天的时候用“!”吗?

回答结果见表 3。

表 3　“!”的使用统计

	常用		不用		偶尔用		合计
	人数	%	人数	%	人数	%	人数
男	117	58.21	23	11.44	61	30.35	201
女	155	60.78	30	11.76	70	27.45	255

从这张表可以看出，男性与女性在使用“！”的比率上是差不多的，其原因是感叹号“！”用于“你好！”等普遍的招呼用语中，还有就是自“咆哮体”出现以后，为表强调语气，会多用“！”。根据笔者观察，“咆哮体”出现之前，男生用“！”比较多。

第6题：您写短信、邮件，网络聊天的时候用“～”吗？

回答结果见表4。

表4 “～”的使用统计

	常用		不用		偶尔用		合计
	人数	%	人数	%	人数	%	人数
男	107	53.23	58	28.86	36	17.91	201
女	171	67.06	41	16.08	43	16.86	255

从这张表，我们可以看出男性不用“～”比率为28.86%，远高于女生的16.08%。据笔者推测，不少男生把“～”符号当作女生专用符号而不用。

综上所述，我们可以得出，在使用“亲”、句末“哦”和符号“～”的过程中，女性更喜欢使用。而在使用感叹号“！”时，男性与女性的使用情况并无差别。

5. 由“淘宝体”到网络语言的性别差异

通过上面的问卷调查，我们已知道“淘宝体”在使用过程中存在着一定的性别差异。由此我们可以思考，整个网络语言的大环境是否也存在着性别差异呢？对于这个问题，存在着两种观点：一种观点认为，虚拟空间中的性别差异已经随着网络的普及而消除；另一种观点则认为网络的普及并不能消除性别差异，在网络交际中，男性的话语量大于女性（沙日娜，2009），90.9%的女性认为自己在网聊中会使用符号等形象化语言（骆巧丽，2010）。

笔者除了对“哦”和“～”使用过程中的性别差异进行问卷调查外，还对两个个案进行了对比。在中国，加藤嘉一（男，北大硕士，国际媒体的专栏撰稿人）和Tokyo Panda（东京熊猫）（女，淘宝网购物女王，博客粉丝达13 908人）是两位有名气的日本人，他们每个月都会更新自己的博客。笔者分别统计了两人在2011年8月至9月间中文博文使用“哦”和“～”的情况，结果如下：

表5 两人“哦”和“～”的使用统计

	博文字数	使用“哦”	使用“～”
加藤嘉一	5931	0	0
Tokyo Panda	5497	23	118

Tokyo Panda所写的日文博文有很多日本女性用语，为了延续这种女性用语，她在写中文博文时，用“～”和“哦”等来标记自己的性别。

当然两位博主行文时的选词跟他们所从事的职业有关，加藤嘉一曾声明过，他的博文是模仿《人民日报》的写作风格来写的，而 Tokyo Panda 的博文则更多的是模仿中国时尚女孩的博文风格来写的。化长河(2010)指出，在网络语体风格里，语气词的多用，可以拉近人与人的距离，虽然有些嗲声嗲气，但能营造出一种轻松、随意的交流氛围，还有的人喜爱模仿儿童常常会使用的"重叠式的语言"，如把"东西"说成"东东"等。

6. 网络语言性别差异的原因

网络语言一大特征是其多样性。在多样性的语言中，人们就会去寻求个性化的语言，这就不可避免地会出现一些具有显著标记的语言来区别网络语言使用者的年龄、性别等。

另外，网络语言的性别差异还体现在网络语言的角色化上。"网络社区作为网络社会的一种存在方式也不可避免地成为网民角色扮演的大舞台，网络社区成员角色的维持过程即为戈夫曼所称的'印象管理'的过程。"(宫承波、齐立稳，2008)"网络交往强调轻松自由，其虚拟性和隐蔽性也决定了网民可以袒露自我，也可以上演各种各样的角色。"(于艳平，2006)"网民对网友的行为模式和行为方式便会产生一种不同于现实生活的角色期待，自己也会在网络的虚拟性上调整自己的角色与行为。"(熊芳亮，2003)正是这种寻求角色扮演的心理需求给网络语言角色化提供了动力，使网络语言在使用者性别上也具有了一定的差异。

7. 结语

在现实生活中，我们可以通过语音、语调、音色等来体现性别差异，而在网络语言中，笔者认为，只能借助于特定的文字和符号来表现这一性别差异。在实际中，网络语体中的"LOLI体"和"红楼体"等都是女性化的语言。通过调查，我们证实了，在使用"淘宝体"的过程中，女性多于男性。由此我们可以说，"亲""～""哦"已成为一种偏女性化的语言，在网络上，语言使用者为表达自己的女性性别或可爱可亲的态度而反复使用。

附注

1. 凡客体，即凡客诚品(VANCL)广告文案宣传的文体，该广告意在戏谑主流文化，彰显该品牌的个性形象。
2. 咆哮体一般出现在回帖或者 QQ、MSN 等网络聊天对话中。使用者激动的时候会觉得一个感叹号不能表达自己的情感，而打出很多感叹号。
3. "在那山的那边海的那边有一群蓝精灵……"这是曾经带给 70 后 80 后快乐童年的动画片《蓝精灵》的主题曲歌词，而近期热映的电影《蓝精灵》勾起了不少人的怀旧情怀，很多网友根据不同职业，将这首《蓝精灵》改编成多种版本的"蓝精灵体"。
4. 问卷调查时间：2011 年 10 月 28 日到 11 月 10 日。网址：http://www.sojump.com/jq/1037439.aspx。

参考文献

宫承波、齐立稳　2008　试析网络社区中的角色扮演，《新闻界》第 2 期，164—166 页。

何自然　2005　语言中的模因，《语言科学》第 6 期，54—64 页。

化长河　2010　网络语言的语体风格新说，《语言学刊》第 9 期，62—64 页。

黄碧云 2011 《网络语言传播机制研究》,暨南大学硕士学位论文。
骆巧丽 2010 网络语言中的性别差异,《考试周刊》(文学语言学研究)第57期,24—25页。
钱晓玮 2011 流行体何以走红网络,《青年记者》第17期,82—82页。
沙日娜 2009 网络交际语言中体现出的男女会话风格差异,《语文学刊》第7期,102—104页。
吴燕琼 2009 网络语言变异的模因解读,《广东外语外贸大学学报》第3期,75—78页。
熊芳亮 2003 角色理论的新领域:网络角色分析,《中国青年研究》第12期,53—55页。
于艳平 2006 网络语言的语体特征及语用功能探析,《郑州航空工业管理学院学报》(社会科学版)第1期,97—98页。
张玉玲 2008 《网络语言的语体研究》,复旦大学博士学位论文。

Gender Differences in a New Internet Language Style "Taobao Style"

Kawasaki Miyuki

Abstract One of the important phenomena in internet language in China is the existence of new popular writing styles in addition to new popular words. A huge number of new "styles" are produced one after another every year. The author focuses on one new style, called "Taobao Style", one currently showing up in internet shopping communication in China. By statistically analyzing the research data, the results have shown that Chinese females have a higher usage of "Taobao Style", signified by using such terms as"*qin* (亲)","*o*(哦)", more often than Chinese male internet users. Since Internet writing systems have no sounds or facial expressions which people have in face to face communication, people use these words or symbols as "female markers" to express their female character or tenderness.

Key words Taobao Style; gender; female marker; "*qin* (亲)"

(河崎深雪 华中科技大学外国语学院/华中科技大学中文系)

北方城市夫妻面称调查研究报告*

冯　莉

提要　本文对中国北方城市夫妻之间30项面称方式进行了问卷调查研究，通过对100余对夫妻调查的数据，考察夫妻面称方式的变异，并给予了充分的社会心理学解释。调查显示，最常用的12种夫妻面称方式依次是：全名、BC、哎、无称谓、老公、老婆、老A、昵称、媳妇、我说、亲爱的。这些面称的使用频次占全部面称总频次的90%以上，并且受到社会变项、交际变项和心理变项不同程度的影响。

关键词　面称；夫妻；社会变项；交际变项；影响

1. 引言

社会语言学将语言置于社会发展变化和人类交际的各种语境中进行研究，关心现实生活中实际使用的语言。“称谓总是特定文化的产物，是人际关系的文化符号”（戴昭铭，1996：212）。称谓是言语交际中的必现话语方式，称谓语是人际沟通中使用最频繁的词语，具有鲜明的社会性。由于称谓语与各种社会因素密切相关，成为了近几十年社会语言学家研究的焦点。现代汉语称谓语研究在社会语言学领域中比较丰富，在关于面称的研究中，郭继懋（1995）分析了姓名音节对面称语的影响；姚亚平（1995）从表达愤怒情绪和带有特定目的两个角度分析了暂时性的面称转换；韩志刚（2001）指出面称语具有唤醒功能、区别功能、礼仪功能和表情功能；韩志刚和范磊（2004）认为汉语社会面称语包括四个子系统：名分，听话人的自身特征，交情、心情、交际目的以及交际场合；段成钢（2007）讨论了汉语称呼语中的面称与引称关系，提出在语用范畴内研究称呼语。上述研究启发了本文的研究。在有关夫妻面称的研究中，由于此课题涉及个人生活的私密性，缺乏真正意义的面称深度实地调查。仅有的代表作是李美花（2009）运用问卷调查对比了中日韩三国的夫妻间称呼。

---

* 本文在撰写过程中得到黑龙江大学文学院戴昭铭教授的悉心指导，在此表示诚挚感谢；同时感谢匿名审稿人的详细审阅和宝贵意见。

称谓语研究必须以分析交际双方的关系和交际情境为基础。夫妻面称研究的重要前提是从理论上分析夫妻所处的交际关系及其对夫妻间话语本质的理解。在此，国外学者伦凯马(Renkema)的“婚姻是机构”的观点颇有新意。首先，她剖析了机构的概念：机构(institution[1])是一个源于社会学的概念，用来描述人们建构和维护社会的活动，这些机构有特定目的和相应的道德规范(Renkema，1994：253)。然后她提出：机构是个人与社会之间的调节层，是个体得以组建为社会或群体的一种手段或方式。从这个意义上说，婚姻也是一种机构，因为它是官方认可的两个人之间权利与义务的契约(Renkema，1994：335)。根据这个观点，本文认为，婚姻是组建社会的一种基层机构，规范了夫妻作为婚姻这个机构的执行者、实施者(agent)相应的角色行为。夫妻面称是婚姻这个机构中的话语形态的一部分，是建构、塑造、维护和调节婚姻中角色行为的手段，在交际中具有唤醒对方、区分婚姻内外角色身份、维护双方角色地位以及表达复杂和微妙情感的重要功能。根据社会语言学理论(徐大明，1997)，语言变项可分为三类：指示项、标记项和成见项。夫妻面称受到不同交际情景、不同场合和不同情绪状态的影响，具有上述语言变项的标记项功能，能够反映夫妻话语风格。

上述讨论促成了本文的研究问题：当代中国夫妻的面称形式(包括非语言形式和语词形态)有哪些？受到哪些社会和交际因素的制约？首先从理论上构建了影响夫妻面称选择的三大变项，即社会变项、交际变项和心理变项：

1) 社会变项：主要体现为受访者的个人背景信息，包括受访者性别、夫妻年龄、婚龄、育否、孩龄、夫妻职业与教育程度、家庭住地、是否与父母同住、夫妻姓名音节数等。

2) 交际变项：主要体现为夫妻在家庭内外的不同交际场景和不同参与者及关系。

3) 心理变项：主要体现为夫妻二人各自所处的心理情感状态，如喜怒哀乐等。

2. 研究设计

研究设计与方法具体如下：

2.1　内省法

笔者以多年观察为基础，经过内省和总结，认为夫妻面称方式分为语词类和非语词类两大类，前者又分为姓名和专门称谓两类，后者则分为无称谓类和起句词语类。后者也同样具有唤醒功能和区别功能，在交际使用中也占有不小的比例。以此为基础，将研究问题设计为包括语词形式和非语词形式在内的面称方式研究。设计了以下选项(见表1)。其中，考虑到隐私性和调查的可行性，将姓名类区分较细，而特定称谓和其他类则提供了常见的称谓供受访者选择，同时设计了开放式答案区。

表1　夫妻面称方式选项(以ABC为名字举例)

无称谓类	0. 无任何称谓	1. 喂/哎……	2. “我说……”
实名类	3. ABC	4. BC	5. C

（续表）

姓加前缀类	6. 老 A	7. 小 A	8. 大 A	9. 阿 A
名加前缀类	10. 老 B/C	11. 小 B/C	12. 大 B/C	13. 阿 B/C
名加后缀类	14. B/C 子	15. B/C 儿	16. 前缀＋名＋后缀	
重叠类	17. AA	18. BB/CC		
特定称谓类	19. 亲爱的	20. 老公	21. 老婆	22. 媳妇
亲属称谓类	23.（孩名）他爸	24.（孩名）他妈	25.（名＋）哥/弟	26.（名＋）姐/妹
其他类	27. 婚前小名	28. 私用昵称	29. A＋职业/头衔类	30. 其他（请直接填写）

注：姓名示例如下：假设某人姓名为“方志强”（ABC 式三个音节），或名为“方娟”（AB 式两个音节），则 ABC—称呼全名（包括 AB），BC—“志强”（仅指三音节后的两音节），C—强/娟，老/小/大/阿 A—老/小/大/阿方，老/小/大/阿 B/C——老/小/大/阿强/红（一般用最后一个音节的字），B/C 子/儿——强子/娟儿（根据与子/儿的搭配习惯），前缀＋名＋后缀—大强子/小娟儿，AA—方方，BB/CC—强强/娟娟。（孩名）他爸/妈——志强他爸/娟儿她妈。其余略。

2.2　问卷调查法

以前述理论框架为基础设计了一份多项选择题形式的问卷。具体来说，在问卷第一部分受访人的个人统计信息处设计了社会变项相关问题等 10 项。为观察动态的交际变项如何影响面称方式，根据家庭内外区分的交际场景、不同参与者，设计了影响面称的交际变项：家庭内环境分为“只有夫妻双方”“有父母在场”“有孩子在场”“有外人在场”四种交际情境，家庭外环境分为“正式场合（如在银行、政府机构办事）”“一般场合（如饭店聚会、超市购物时）”“休闲场合（如在公园、游乐场所娱乐时）”三种交际情境；根据夫妻二人的情绪状态设计了四种典型交际心理情境，即心理变项：“亲密温馨”“兴奋激动”“生气愤怒”“悲伤难过”。将这 11 种交际情境分别设立“夫对妻”和“妻对夫”的栏目，共得到 22 个面称问题，请受访者从上述 30 种面称方式中选择填写。然后将社会变项、交际变项和心理变项的数据进行交叉分析。

问卷操作过程：运用便利抽样、滚雪球抽样和分层抽样相结合的方法，共调查了 110 个家庭，回收问卷 104 份，问卷回收率 95%。关于受访者住地、职业分布、受访夫妻平均年龄、教育程度、婚龄等情况统计详见下表和图。

表 2－1　受访者地域分布

现住地	哈尔滨市区	呼兰	大庆	大连	北京	鸡西	依安	长春	呼和浩特	沈阳	总计
问卷份数	27	10	14	12	13	12	2	12	1	1	104

表 2－2　受访者职业分布

职业	教师	公务员	职员	军人	干部	工人	退休	医生	记者	自由	无职业	工程师	警察	财务	旅游	技术人员	编辑	学生	总计
人数	36	20	20	10	24	20	12	2	12	2	4	20	2	4	2	14	2	2	208

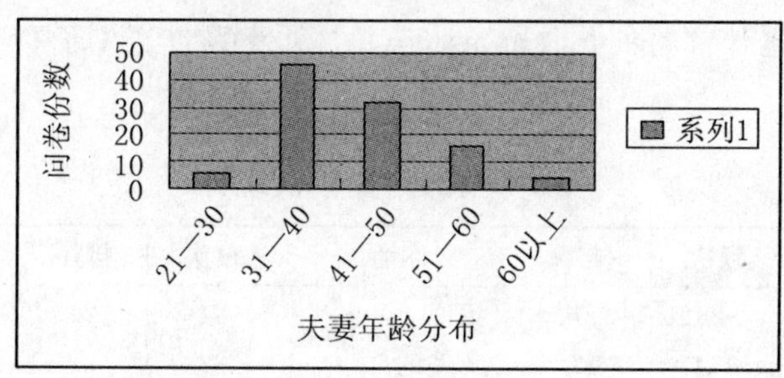

图 1-1　受访者平均年龄分布

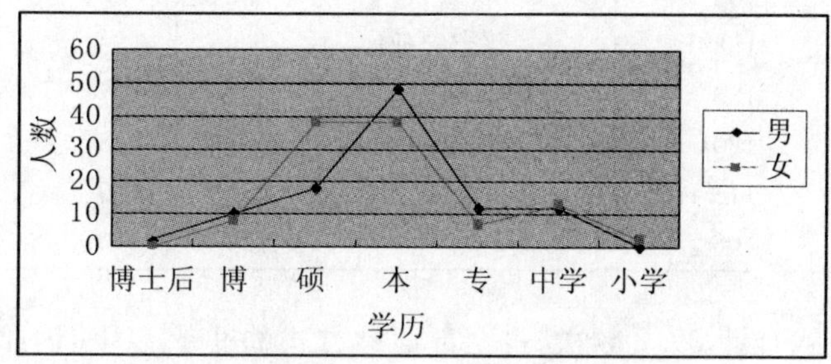

图 1-2　受访者教育程度分布

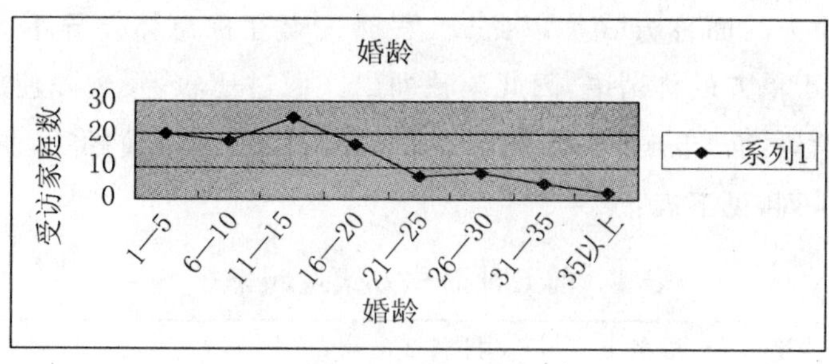

图 1-3　受访者婚龄分布

3. 研究结果

首先，四种研究方法呈现的结果都表明，夫妻间的面称方式呈现强烈的差异性和灵活变化性。本次调查合作家庭共 104 家，每个家庭有 1 人填写问卷，其中，女性受访者为 88 人，在每个情景中倾向于选择多个答案者有 64 人，比例高达 72%，而男性受访者为 16 人，在每种情景中给出多个答案者仅为 6 人，为 37%。女性更乐于参与关于家庭生活的讨论，其给出的答案也更真实可信，符合常识。

3.1　全面统计

本次问卷调查共计得到各类选项 3202 次，多选率达 40%。其中，问卷中所列出的“阿＋姓/名”“姓/名＋儿”“前缀＋名/姓＋后缀”“职业头衔”等 6 个选项的选取率为 0，而受访者自填的答案中包括“宝贝”“老伴”“哥们儿”“honey（英语“亲爱的”）”“A 子”等称谓语。将全部选项按频率排列如下：

表3　全部面称频次统计

排序	称谓	频次	排序	称谓	频次	排序	称谓	频次
1	全名	984	11	我说	84	21	哥/弟	16
2	BC	364	12	亲爱的	82	22	小 B/C	14
3	哎	304	13	其他	36	23	A 子	12
4	零	256	14	BB/CC	28	24	AA	10
5	老公	200	15	(孩名)他爸	26	25	B/C 子	10
6	老婆	158	16	(孩名)他妈	26	26	小 A	6
7	老 A	136	17	honey	24	27	大 A	6
8	昵称	120	18	老伴	22	28	哥们儿	2
9	媳妇	116	19	大 B/C	22	29	宝贝	2
10	婚前小名	108	20	C	18	30	其他	0

其中，前12种面称方式合计2912频次，占全部面称方式的90%以上，因此，以下依次重点分析这12种面称方式的使用情况。

3.2　前12种方式整体比较

将夫对妻和妻对夫的面称方式加以比较，发现夫妻互称总体差异不大。由于“老公”“老婆”和“媳妇”是专用于单方的称谓语，因此单独列出。通过比较，发现除使用全名外，“老公”是妻对夫最常用的称谓语，而“老婆”仅居于“全名”和“BC”之后。我们将每种情境中出现的前五种面称方式按频率排列，见下表：

表4　前五种面称方式按频率排名

交际情境	具体情境	排名1	排名2	排名3	排名4	排名5
家里	双方在场	老公/老婆	全称	哎	昵称	BC
	父母在场	全称	BC	老公/老婆	哎	小名
	孩子在场	全称	哎	老公/老婆	BC	我说/小名
	外人在场	全称	BC	老公/老婆	哎	老 A
家外	正式场合	全称	BC	哎	零	老公/老婆
	一般场合	全称	BC	哎	老公/老婆	零
	休闲场合	全称	老公/老婆	哎	BC	零
夫妻情绪状态	亲密温馨	老公/老婆	昵称	亲爱的	全称	哎/零
	兴奋激动	老公/老婆	全称	哎	昵称	BC
	生气愤怒	全称	零	哎	BC	其他
	悲伤难过	全称	零	BC	老公/老婆	老 A

下面按整体排名顺序逐一进行分析。

3.3　全名与BC式

在所有称谓方式中，使用姓名的比例最高，其中使用全名做称谓语的最多，其次是以双音节名字称谓(即BC式)。经过数据分析和访谈，发现其原因有三：一是与姓名音节数有关，一般来看称谓语倾向于用双音节。在本次调查对象中，姓名是两个音节的在各种情景中被以全名称谓的达80％—90％，远高于姓名有三个或更多音节的。而对有三个字的一方则比较倾向于用后面的双音节名字做称谓。二是反映当代中国在两性关系上的平等意识加强。中国从古至今长期以来夫妻对对方各有文化传统上的惯用称谓，而直呼其名被视为不尊重的表现，特别是女性对男性。而本次调查问卷显示男女使用全称者相差不大。三是全称在当代被视为是正式的、可以普遍应用的。答问卷者在不希望完全吐露家庭隐私的心理驱使下，倾向于给出一个"安全"的答案，这也反映出全名做称谓语为人们所接受的心理现实程度。

将夫妻二人使用"全名"互称的情景进行详细分析，结果发现，使用全名最多的情景依次是"生气""正式场合"和"有父母在场"，使用最少的场合是"双方在家"和"亲密温馨"的时候。说明使用全名倾向于表达正式、疏远、双方有一定距离的关系，这是符合一般常识性规律的。但有趣的是"有孩子在场"和"有外人在场"都不如"有父母在场"使用全名的频率高。经过进一步分析，发现这与几个因素有关：一是文化因素。中国人的传统观念是在父母面前不可表现得过于亲密，因此年轻夫妻往往在长辈面前比较拘束，称谓语与在其他场合相比较更为正式。二是孩子属于夫妻小家庭成员，夫妻与孩子的关系比与父母的关系近得多，特别是孩子年龄较小的家庭，统计显示15岁以下有无孩子在场的夫妻称谓语无差异化倾向明显。三是与父母同住者少。不与父母同住者与父母关系较为疏远，称谓语也比较正式。另外，正式场合与生气的情绪状态下，妻子更倾向于以全名称谓丈夫。

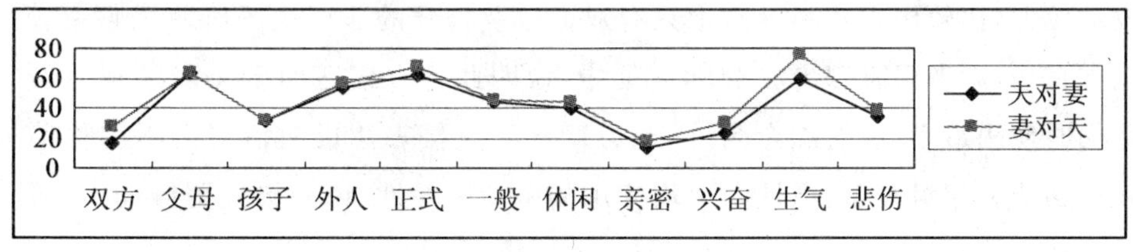

图2　夫妻间称全名比较

关于BC式，对姓名为三个音节的配偶较多使用BC，且40岁以上的夫妻更倾向于使用此称谓。该称谓语的使用比较微妙，在家中，当父母和外人在场时，使用频率明显高于只有双方和孩子在场，而一般场合的使用频率却高于正式场合和休闲场合，亲密和生气时则不如兴奋和悲伤时使用频率高。这说明，"BC"是一个较为中性和温和的称谓语，既能表现夫妻角色关系，但又不具有高度表情功能，特别是对于男性来说，是一种"安全"的称谓，而女性则对这种称谓语认识不完全一致，在外人面前和生气时运用较少，说明女性仍将其当作比较亲密的称谓。

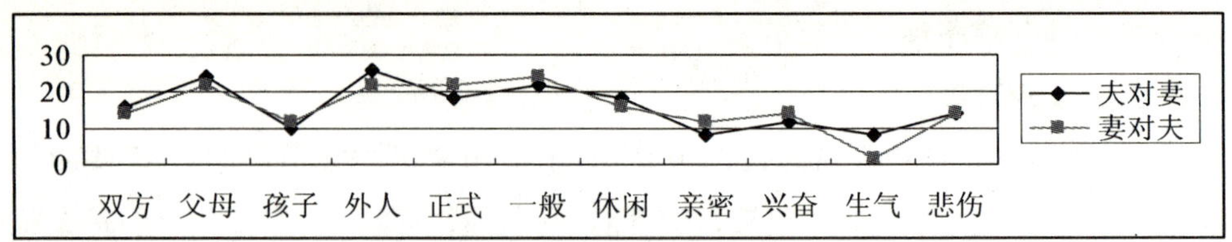

图 3　夫妻间称 BC 比较

3.4　"哎/喂"和零称谓

传统的面称研究有具体语词形式的面称语，其实在日常生活中我们观察到，越是关系密切的人，越是在私密的场合，越倾向于不用任何语词的零称谓，或仅使用"哎/喂""我说"之类的起句词语。严格地说，这两种方式和零称谓一样都不是面称语，但我们根据其分布将其纳入面称方式来进行考察。根据《现代汉语词典》(第 5 版)，"哎"有两个释义：【叹】表示惊讶或不满意；表示提醒。本文研究发现，"哎"广泛用在只有夫妻双方或有孩子在场、非正式场合和兴奋状态，说明"哎"可以表现双方关系密切、配合默契，是一种充分体现合作原则的起句方式。根据观察发现，伴随不同声调"哎"可以表达唤醒、提示、感叹等多种丰富情感，具有表情功能，距离远近都可用，并可以与人称代词和姓名组合使用。

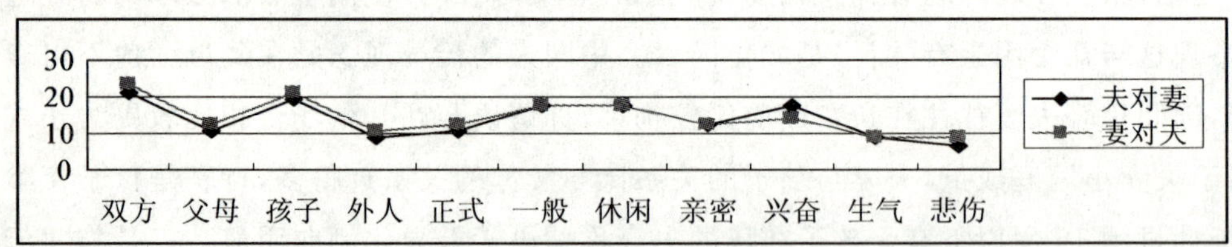

图 4　夫妻间称"哎"比较

夫妻间不用任何面称语和起句词，而直接开始对话也较为常见。根据统计结果，这种方式的使用波动较大，比较出人意料。家中只有双方以及公开的非正式场所使用频率较高，前者只有交际双方在场，后者只有双方在交际活动中，说明此种方式适用于无需区别身份的场合；而生气和悲伤时使用最多，说明除全名外，双方倾向于直接表达负面情绪而不用称谓加以缓和，有较多表情功能。相对来看，男性的平均使用频率高于女性，说明男性更倾向于使用直接的交际和情感表达方式。

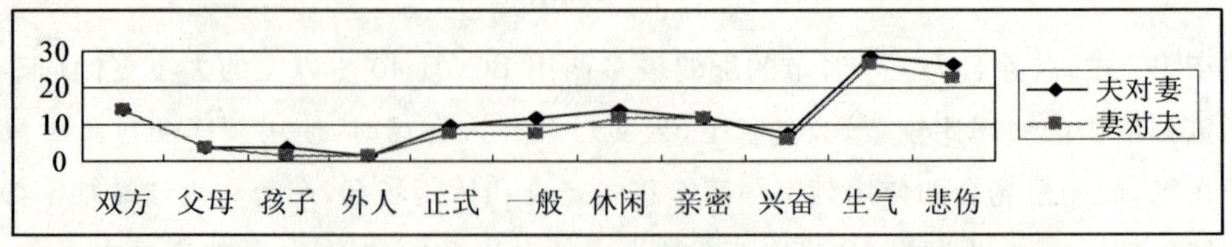

图 5　夫妻间零称谓比较

3.5　老 A、昵称和小名

“老 A”排在第五名（不算“老公”和“老婆”）。不仅是 40 岁以上夫妻有如此称谓，而且 40 岁以下也占了近一半。其使用分布颇有规律，在父母在场、正式场合和生气的情绪状态下，使用频率大跌，充分说明“老 A”已经不能简单理解为用“老”表示年纪老，而是“老 A”变成了一个表达亲密、友好、放松、信赖等积极情感的面称。男性使用频率明显高于女性，可能是男性觉得此称谓既普遍适用又稳重，而女性更愿意使用更活泼的称谓。

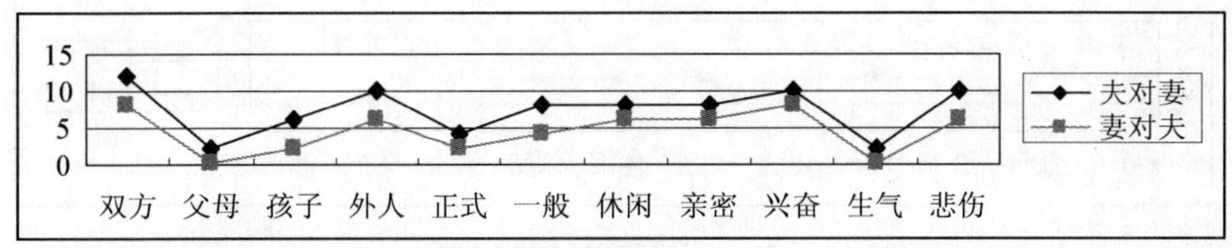

图 6　夫妻间称老 A 比较

日常生活中夫妻之间使用昵称很常见，但却恰恰是此类调查的难点。我们无从知晓具体的昵称，只能了解昵称使用的场合和情景。与假设相符，昵称出现在只有双方在场，特别是亲密和兴奋等积极情绪中。但对比夫妻数据后发现，男性更乐于用昵称来召唤妻子，一是可见男性在婚姻中显得更放松和活跃，更愿意享受亲密的感觉，二是可能填写问卷的女性对此更敏感。

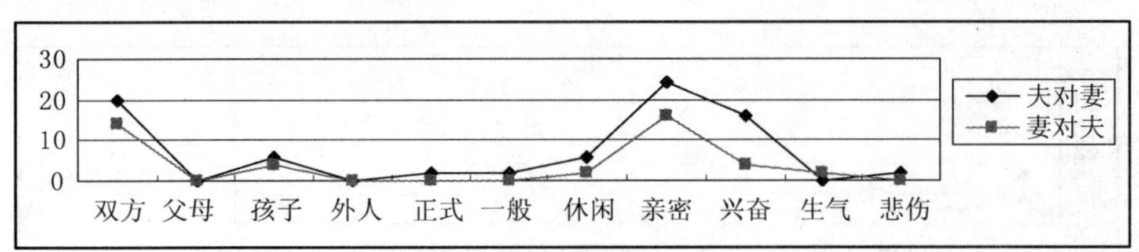

图 7　夫妻间称昵称比较

婚前小名是指不同于正式姓名的名称，如男孩可能叫“虎子”、女孩可能称“贝贝”，一般仅限于家庭中的长辈成员使用。使用小名说明关系密切，所以在休闲、亲密和兴奋时使用是很正常的。但在所有表示亲密的称谓中，唯独这个称谓在父母面前使用频率相对最高，这主要是因为父母称呼晚辈小名的可能性较大，夫妻随父母一起称谓，显得亲切并且尊重对方的家庭习俗，充分体现了交际中的合作原则和顺应原则。

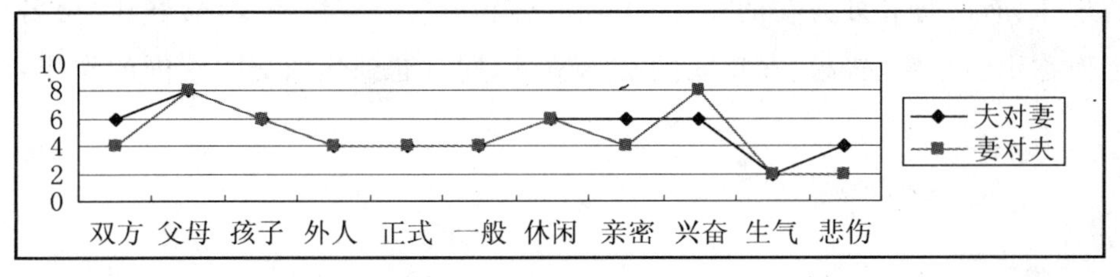

图 8　夫妻间称小名比较

3.6　“我说”和“亲爱的”

“我说”是北方常见的一个起句方式，具有近距离提醒和邀请参与交际的功能。数据显示，此方式在只有双方在场、孩子在场时使用略多，在正式场合和负面情绪状态下使用频率较低，并且在各种场合夫妻用法表现得惊人的一致，说明这种起句方式体现了夫妻二人近距离沟通时配合默契的习惯。

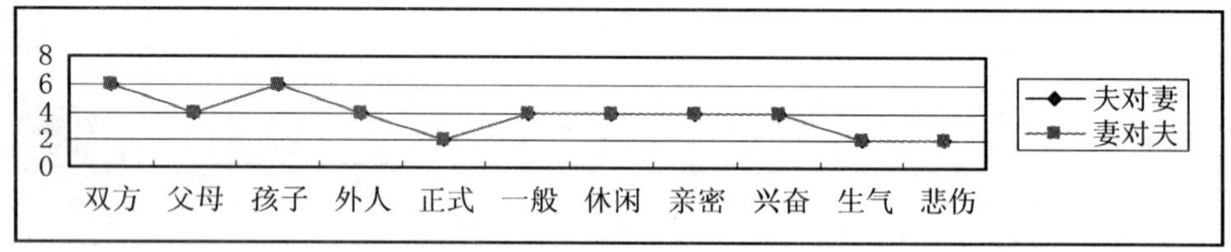

图 9　夫妻间用“我说”比较

在所给出的选项中，“亲爱的”可谓是最具私密性的专用面称语了。数据基本符合假设：此面称最常用于只有双方在场、亲密的情绪状态，其次是孩子在场和兴奋的状态，充分说明“亲爱的”用于家庭私密情景。但女性在公开场合使用此面称的频率高于男性，符合近年来年轻女性交际中出现的一种彼此称谓“亲爱的”的现象。本次调查中此称谓语基本只出现在 40 岁以下的夫妻中。

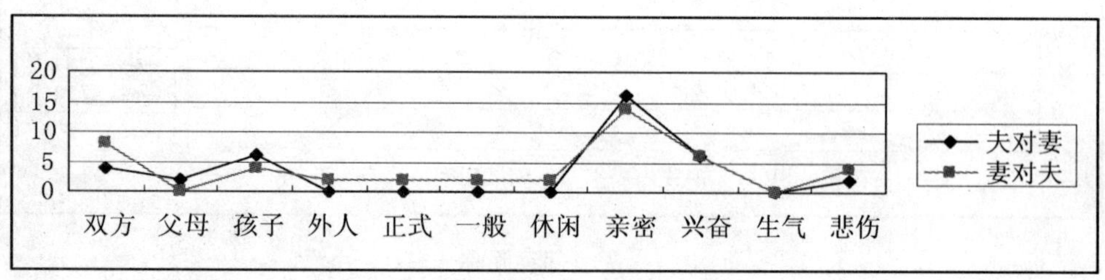

图 10　夫妻间称“亲爱的”比较

3.7　“老公”“老婆”和“媳妇”

文献研究最多的就是“老公”和“老婆”这两个称谓，此次调查证明，在夫妻专用的称谓中，这两个词的确是最常用的。但夫对妻还有一个常用称谓是“媳妇”，而妻对夫只有“老公”一个专用称谓，所以“老公”的使用频率明显高于对应的“老婆”和“媳妇”。这三个面称语呈现相似的规律：有父母和外人在的场合、正式场合和生气时使用较少，恰好和“全名”相反，可见这三个面称用于亲密、轻松、非正式的交际情景，同时起到建构交际氛围的作用，而全名则正相反。

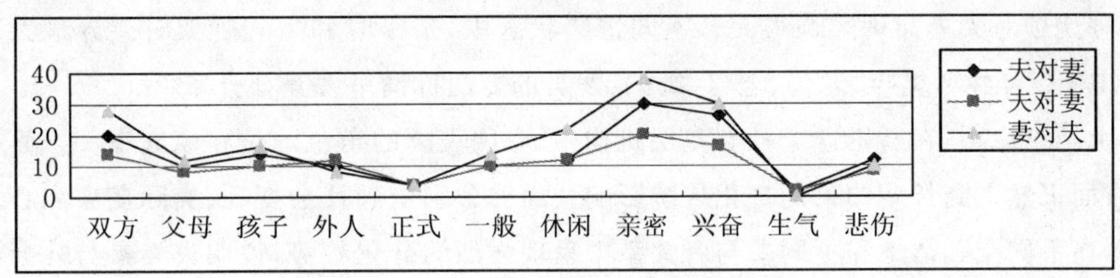

图 11　夫妻间称“老公、老婆、媳妇”比较

3.8　社会变项对面称的影响

将受访者基本信息与其面称选项交叉比较，发现某些社会变项对夫妻面称有一定的影响。

在已知受访者姓名是“单音节姓＋单音节名”时，被称全名的比例高达 80％以上，除了在双方亲密情境中用专门称谓外，在公开场合倾向于用全名。受访者姓名是“单音节姓＋双音节名”时，则常用 BC(或小 C 等加单音前后缀)。可见由于汉语韵律的特殊性，不仅日常语言倾向于用双音节，而且面称也有这种倾向。

年龄方面，以夫妻平均年龄 40—45 岁为界，年轻夫妻比较倾向于使用“老公、老婆、媳妇、昵称、亲爱的”，“宝贝、哥们儿”之类的开放式答案也出自年轻夫妻，而年老夫妻更多采用“姓名、零称谓、我说”等面称方式。

职业方面，总体数据显示无差异，但有 4 名英语教师提供了“honey”这样的面称语，可见教育背景、特别是语言背景会对面称有一定影响。这使得这类称谓成为了一种可以检索职业的指示项。

教育程度方面，总体数据显示基本无差异。

婚龄方面，基本与年龄呈现的趋势相同。有无小孩方面，有小孩者一是出现了“孩子他爸(妈)”这类面称，可以作为检索有无小孩的标记项；二是孩子年龄越大，有无小孩的面称越呈现出差异化。

与父母同住者的面称语整体变化小，但由于数量不足 20 家，可能不具有代表性。

有的女性受访者对某一场景给出的面称选项多达 6 个，而男性往往只给出一个答案，说明男女对涉及家庭生活的话题心理接受度存在差异。

4．结论与不足

本次调查研究发现，面称既受到社会变项的影响，也受到交际变项和心理变项的影响。

在社会变项中，夫妻年龄大，婚龄长者，所用面称与年轻夫妻差异较大；有无小孩使面称出现显著差异。

在交际变项中，交际场景，特别是交际参与者的不同，使面称产生变化。家庭内，有父母在场影响最大，其次是有外人在场，有孩子在场影响最小。家庭外，较为安静和严肃的正式场合影响最大，一般正式和休闲场合差异不大。

心理变项对夫妻面称影响很大。不同情绪状态中，亲密时和生气吵架时差异最大。全名和双音节 BC 等姓名类与"老公、老婆、媳妇"之类的专门称谓呈现互补分布。

以上结论说明，在婚姻这个社会基层机构中，中国夫妻的角色地位在家庭中一方面趋于平等，一方面仍然受到长辈约束的文化传统影响。面称分别受到社会变项、交际变项和心理变项的影响，在不同交际情景和不同参与者关系中呈现强烈的分化趋势，说明夫妻参与社会活动程度带来的多元社会身份的复杂性。夫妻面称在心理变项上呈现分布趋同趋势，体现了夫妻间分享情感和要求彼此认同的权利义务。

不足之处在于：1. 本次调查的受访家庭数量偏小，在职业上分布不均，基本只能代表北方城市中受过高等教育的群体。2. 部分受访者不愿暴露身份，因而在名字音节数字上未选择，使得音节数对面称的影响部分数据不够全面。3. 研究方法应更多样化，增加隐蔽观察法，在各种公开场所观察并记录已确认身份的夫妻间的面称语，以便进行数据三角印证。4. 此课题本身涉及私生活，一部分受访者心理上有一定顾虑，因此其答案有所保留。今后可以通过加大访谈力度和调查范围，选取关系密切并且态度认真的调查对象进行深度访谈，加强与受访者心理沟通来改善研究状况，以确保研究质量。

附注

1. 英文 Institution 一词可以译为：机构、制度、习俗和惯例。考虑到婚姻是一种受法律保护和制约的以具体形式存在的社会组织形态，本文将其译为"机构"，其意为带有一定制度和惯例的社会组织形式。

参考文献

戴昭铭　1996　《文化语言学导论》，北京：语文出版社。

段成钢　2007　论汉语称谓语中的面称与引称关系，《外国语言文学》第 2 期，87—93 页。

冯胜利　1997　《汉语的韵律词法与句法》，北京：北京大学出版社。

郭继懋　1995　常用面称及其特点，《中国语文》第 2 期，90—99 页。

韩志刚　2001　现代汉语社会面称语的组合规则及其功能，《汉语学习》第 2 期，71—74 页。

韩志刚、范　磊　2004　汉语社会面称语的语用选择机制，《天津大学学报》第 1 期，79—83 页。

李美花　2009　中日韩三国的夫妻间称谓对比，《湖北广播电视大学学报》第 12 期，86—87 页。

徐大明、陶红印、谢天蔚　1997　《当代社会语言学》，北京：中国社会科学出版社。

姚亚平　1995　现代汉语称谓系统变化的两大基本趋势，《语言文学应用》第 3 期，94—99 页。

中国社会科学院语言研究所词典编辑室　2007　《现代汉语词典》(第 5 版)，北京：商务印书馆。

祝畹瑾　1995　《社会语言学概论》，长沙：湖南教育出版社。

Renkema, Jan. 1994. *Introduction to Discourse Studies*. Amsterdam: John Benjamins Pub Co.

A Research Report on the Forms of Address Between Husband and Wife in Cities of North China

Feng Li

Abstract A questionnaire-based research of 30 address forms between husband and wife in cities of North China has been made. Based on the detailed analysis of the data collected from more than one hundred couples, this paper reports the variations of the address forms between husband and wife and provides adequate sociopsychological explanation. As the result shows, the 12 most commonly used address forms are *full name*, *BC*, *Ai*, *zero form*, *Laogong*, *Laopo*, *Lao A*, *nickname*, *Xifu*, *I say* and *dear/darling* in turn. The frequency of these forms account for over 90% of the total and they are influenced by social, communicative and psychological variables to different degrees.

Keywords forms of address; husband and wife; social variable; communicative variable; influence

（冯莉 黑龙江大学应用外语学院/文学院）

Confucian *Junzi* or Contemporary Competitor?

— Discourse negotiation of Chinese national identities regarding a journalist's question bid at an international press conference*

Nie Hua and Gao Yihong

Abstract This paper explores the national identities of Chinese young adults in the context of globalization and China's "peaceful rise," as revealed in the comments on Chinese journalist Rui Chenggang's question-bid at the closing press conference of The 2010 Seoul G-20 Summit. Discourse data consisted of Internet forum discussions from 4 major online sources, and 6 face-to-face focus group interviews with college students and young employees. Discourse analysis was conducted on a two-level bottom-up basis, first to identify speech acts that directly assessed Rui's behavior, and then the agents (identities) of these speech acts. Findings revealed that the participants' assessments and their implied national identities were centered around two distinct prototypes — the Confucian *Junzi*, and the Contemporary Competitor, which were respectively related with the Confucian ritual propriety and the modern enterprising life attitude. The two camps of national identities interacted with each other both by fierce competition and conciliatory negotiations. Analysis also revealed differences in the construction and negotiation of national identities between on-line and off-line discourses. While the former was more assertive, emotional and polarized, the latter was more open, rational, and reflective.

Keywords speech act; national identity; *Junzi*; negotiation

* An earlier version of this paper was presented at The Fourth International Roundtable on Discourse Analysis: Discourse and Transnational Identities, May 20—21, 2011, Hong Kong. The authors thank anonymous reviewers for their comments and review suggestions.

1. Introduction

1.1 Background to the Study

Unfortunately I hate to disappoint you, President Obama, I'm actually Chinese. But I think I get to represent the entire Asia. We are one family on this part of the world.

The above remarks were given by Rui Chenggang (R), a Chinese journalist from China Central Television at the closing press conference of The 2010 Seoul G-20 Summit (Nov. 12, 2010) when US president Obama offered the last question opportunity to the Korean press but received no immediate response. Subsequently, a huge wave of critiques on R's conduct was stimulated immediately in China on the Internet and various forms of media, polarized between the very positive and very negative. What this event has brought onto the table is a miniature of conflicting and negotiating national identities situated in Chinese cultural traditions, and China's "peaceful rise" in the context of globalization.

1.2 Literature Review

"National identity" seems to be a clear concept related to "nationalism", but actually has no universally agreed definition. Research on national identities has undergone a turn from social structuralism to social constructivism (Joseph, 2004). From a social constructivist perspective, national identity is not a given fact bound to a territory-based nation-state, but first and foremost "a state of mind, an act of consciousness" built on "historical contingencies" (ibid.: 97). Like other group identities, national identities are "discursively, by means of language and other semiotic systems, produced, reproduced, transformed and destructed" (De Cillia, Reisigl & Wodak, 1999: 153). They are not fixed universals for members of the same nation, but situated fixings of the individual which serve to curtail "the plural possibilities of subjectivity inherent in the wider discursive field" (Weedon, 2004:19).

Wide-spread awareness of national identities emerged in Chinese history when China struggled to its feet against foreign invasions. From a rather structuralist perspective, the "determination to restore China's national grandeur is the crux of Chinese nationalism" (Garver, 1993). However, Chinese national identity, especially when the world has moved beyond the Cold War and into the new millennium, has developed new and multifold aspects (He & Guo, 2000; Zhao, 2000). One important aspect is, among others, cultural nationalism (Guo, 2004), in stark contrast and conflict with Western culture and ideology, advocating that the core of being Chinese primarily involves participation in traditional cultural practices and acceptance of Chinese principles and moral values, where privileged attention is *par excellence* given to the Confucian doctrine, to which "Westernization is seen as a threat" (He

& Guo, 2000: 194).

As a recent development, Chinese nationalism utilizes the information technology to express popular appeals, which produces identities that are considered as a non-governmental, modern ideological, grassroots movement, with liberal and progressive features (Wu, 2007). Related with this issue is the research on Computer-Mediated Communication that fosters the individual expression of nationalism with 1) democratic possibilities: vibrant exchange of positions and rational critique, and 2) limitations: deficit of reflexivity, lack of respectful listening, difficulty of verification, etc. (Dahlberg, 2001).

In the context of globalization, the intercultural communication competence (ICC) of effectively and appropriately communicating national identities is an important and challenging issue. Ting-Toomey (1999) holds that "mindfulness" is essential in successful communication with culturally different others. Guo-Ming Chen (2009) extends ICC to a four-dimensional construct of "global communication competence", which includes 1) having a global mind-set, 2) unfolding the self, 3) mapping the culture, and 4) aligning the interaction. Drawing on E. Fromm's "productive orientation", Gao (2001) proposes "productive bilingualism", in that understanding and appreciation of native and target cultures positively enhance each other. In a recent ethnography of Chinese Olympic Games volunteers, she reported the emergence of "empathetic listener" and "reflective thinker" in intercultural communication, which co-existed with "patriotic speaker" and "reserved non-speaker" (Gao, 2010).

Previous research provides insights into how citizens' (inter-) national identities are discursively constructed and negotiated in the context of globalization and intercultural communication. The social constructivist perspective opens up new possibilities of analyzing the tension and negotiation between multiple and conflicting identities.

1.3 Research Question

This study investigates the current state of national identity construction of contemporary Chinese young adults. Our major research question is as follows:

What are the national identities of Chinese young adults in the context of globalization and China's "peaceful rise" in the world, as revealed in commenting discourses regarding Chinese journalist Rui Chenggang's question bid at the 2010 Seoul G-20 press conference?

2. Method

2.1 Data and Participants

The discourse data comprised of two sources - online (Internet) debates and offline (face-to-face) group interviews.

1) The online data were collected from four websites about the event (Table 1). Given the current age distribution of Chinese Internet users[1], it was assumed that essentially all the collected data were produced by "young people".

Table 1 Composition of the online data

Online Source	Background and Characteristics
Sina Micro-blog[1] (O1) (新浪微博) ◆ Time: Nov. 14—20, 2010 ◆ Total messages: 1738 ◆ Coded messages: 186	◆ Personal Micro-blog of Rui Chenggang. ◆ Users' anonymity is comparatively low. ◆ Less than 140 Chinese characters in one comment.
Tencent News[2] (O2) (腾讯新闻) ◆ Time: Nov. 16—21, 2010 ◆ Total messages: 694 ◆ Coded messages: 112	◆ A news report on Tencent (QQ. com). ◆ Both QQ users and anonymous users can freely comment. ◆ Comments can interact with each other easily.
Tianya Community[3] (O3) (天涯社区) ◆ Time: Nov. 17—21, 2010 ◆ Total messages: 260 ◆ Coded messages: 78	◆ User's sharing of news report. ◆ Only registered Tianya users can comment and reply. ◆ Tianya Community is famous for its wide national publicity and notable influence[4]. Users may be quite diversified in background.
Kaixin Community[5] (O4) (开心网) ◆ Time: Nov. 14—23, 2010 ◆ Total messages: 86 ◆ Coded messages: 120	◆ "Comment tags" on a Kaixin webpage. ◆ A permanent Kaixin user account is needed for access. ◆ Real identities are required, and anonymity is very low. ◆ Interactivity is disabled.

Notes: 1 See http://t. sina. com. cn/ruichenggang, however, it requires a Sina user ID to see the content.

2 See http://view. news. qq. com/a/20101115/000046. htm.

3 See http://www. tianya. cn/publicforum/content/worldlook/1/300992. shtml.

4 See http://www. chinaz. com/Webmaster/Club/12014QO2008. html.

5 See http://www. kaixin001. com, however, it requires a Kaxin user ID to access the content.

2) Six face-to-face focus group interviews were conducted on Chinese young adults, including undergraduate students, graduate students, and company employees (Table 2). Each interview lasted for approximately an hour, centering on the informants' attitudes towards R's conduct, and their opinions regarding China's image.

Table 2 Demographic features of focus group participants

Sample	U1[1]	U2[2]	G1[3]	G2[4]	W1[5]	W2[6]
N	4	7	6	7	5	5
Gender M/F	3/1	0/7	1/5	4/3	2/3	3/2
Age	19—21	18—20	23—28	24—28	24—26	25—27
Field of Study/ Work	social sciences	English language and literature	foreign languages and education	natural and social sciences	financial, legal and journalism industries	medical, financial industries

Notes: 1 Undergraduates from a comprehensive univ. in Beijing.
2 Undergraduates from a comprehensive univ. in Beijing.
3 Graduate students from a normal univ. in Fujian.
4 Graduate students from a techno. univ. in Beijing.
5 Company employees in Beijing.
6 Company employees in Beijing.

2.2 Procedure of Analysis

Unit of analysis. This study draws on Speech Act Theory as the discourse analytic method. Departing from the classic theory which treats each illocutionary act as a single grammatical sentence, we practically adjust the criteria of a speech act as "an uninterrupted utterance which is perceived to perform a specific function (or action)... treated as a single codable unit of interaction and assigned to one of the available categories" (Hirokawa, 1988: 233). A speech act in online discussions usually resides in a message, and in group interviews as an uninterrupted utterance that contributes a single function or action.

Coding scheme. A primary speech act parsing was first conducted to exclude the messages and utterances irrelevant to the present research question. In order to account for both the projected forms of identity of R and the socio-psychological aspects of the participants, we parsed and coded the remaining valid speech acts in a two-level, bottom-up manner.

a) The first level concerns the perceived identities of R by the participants, which characterizes R as a certain type of communicator with certain positive or negative features, such as a **"courageous Chinese"** or an **"aggressive speaker"**.

b) The second level concerns the implied (inter-)national identities of the participants, which, from a discursive-constructivist view (e.g., Kasper, 2006), consists of the discursive role (e.g., a claimer, a defender) as well as the identity orientations (e.g., a-nationalism, for China) of the very speaker while producing the speech act, therefore leaving us with

"claimer of a-nationalism" and **"defender for China"**.

Categories were initially proposed by the two researchers separately based on individual coding. Careful comparison and discussion resulted in some 40 codes for the first level identities, which were later reduced to 35, and for the second level 25 codes were finalized into 18. Individual coding was exercised on the same set of data with the established coding scheme till the inter-rater reliability (0.8) was satisfactory. Then the entire data were coded individually.

3. Findings: National Identities Projected and Constructed

The national identities found through analysis can be roughly classified into two camps, reflecting two ideological prototypes of a modern Chinese mindset - the **Confucian *Junzi*** and the **Contemporary Competitor** (See Appendix for specific identity categories and frequencies).

3.1 Confucian *Junzi*: "*A Chinese should simply be courteous!*"

Many deemed R's bidding behavior as breach of the image of a "man of high standing," or the paragon image of **Confucian *Junzi*** (君子). The **Confucian *Junzi*** in Chinese cultural tradition is an ideal man. As the potential leader of a nation, he is raised to have a superior ethical and moral position while gaining inner peace by being virtuous. A central characteristic of *Junzi* is to observe ritual propriety (customs, etiquette, rules of proper behavior, norms of social behavior) that embodies all kinds of human interaction. The following aspects of the **Confucian *Junzi*** were frequently alluded to in the data.

3.1.1 China as a Country of Etiquette

Frequently brought to the fore of the heated discussions was the unquestionable recognition of China as "*the state of courtesy*"(O2—y* t)[2] and "*having the golden mean as its cultural norm*"(W2—P4) and thus to remain humble and decorous was requested as codes of conduct for any Chinese members. For instance, a Chinese journalist should keep a "*low key in such events*"(O1—太* 帆), or "*at least find a humble excuse for any blatant act*"(O1—熙* a).

Therefore, R was considered to challenge the indisputable and indispensable Confucian etiquettes and was labeled an **"aggressive speaker"** when he initiated the bidding behavior, for he not only "*forced his way for the question bid*"(O1—荒* 1), but "*showed strong aggressiveness by importuning for the question* (U1—P4)." Besides, R was also considered as a **"conceited speaker"** when he bargained over his bidding right for several rounds with Obama, for he was "*too cocky, and lacked basic cultivation*"(O4—15), "*an obviously self-conceited journalist*"(O2—美* 狼), and "*thinking too high of himself !!!!*"(O2—山* 人). For those who were greatly irritated by such "blunt" conduct, R was an "**impatient listener**" or "**impolite participant**", as reproved, "*a weirdo who knows no basic politeness*"(O3—没*世), "*an utterly uneducated and misbehaved man*"(O4—l13), or even castigated, "*by forsaking the most fundamental etiquettes and courtesy, was he to deny China's thousand years' cultural tradition?*"(O3—e* a)

It is conspicuous that this "decorous" aspect was the most important consideration for some participants when they examined R's behavior, and thus reflecting their innate identities of "**Confucian value adherents**", as some of them commented,

> *Since Obama was emphasizing that the opportunity was for the Korean press, and kept repeating that... he only wanted to offer the host country a favored chance... and just compared with Obama, I feel all the more that our Chinese journalist was really impolite and uncourteous.* (U2—P5)

3.1.2　Chinese Culture of Reciprocal Courtesy

When it comes to interpersonal (in this case, international) occasions, the ***Confucian Junzi*** identity was incarnated in a complaisant and collaborative image, which partly reflects the "innate happy and harmonious culture" (Zeng & Guo, 2012), and thus intrinsically resents tension or discordance caused. Therefore, "*R is so rude! Especially to the host country!*"(O1—张*英)

Moreover, the Confucian doctrine of mutual respect and favor was also extended to the international scale, and R's question-bid was apparently a transgressive act that snatched the opportunity of the Korean press and blatantly confronted Obama, thus he was regarded a "**depriver of opportunities**", as he "*exploited other's right to speak with his 'righteous' words*"(O1—萤*虫), and therefore "*blemished the Chinese values and totally defamed our etiquettes in front of others*"(O1—国*责).

In this way, the participants displayed their identities as "**protesters against imposition**", for they clearly impugned the act of usurping other's opportunities, even though done "*with an official means*"(O1—荒*1), it was still something to be ashamed about. This identity was deeply rooted, as some participants elaborated,

> *How can you personally represent the entire Asia, let alone other countries? You don't even get to represent China, how could you represent Asia? And also, there're many complicated issues within Asia, with so many countries, so many controversies, you don't have the right to represent them... he personally impressed the international audience with a very aggressive image, and this kind of international image is very*

bad for China. (W2—P4)

3.1.3 Concerns Over the National Image

Many participants in this camp showed strong inclination to attribute some impacts on China to this incident. When negotiating with Obama, R was at best perceived as an **"unwise communicator"**, since he "wrongly impressed" foreigners with an unfriendly characteristic, giving excuses for those who believed in "*the China threat theory* " (U2—P1). Participants expressed their strong concerns over this aspect,

> *After watching the video, I felt uneasy and worried, thinking that, the Western media might continue to demonize China even more... Just look at R, this journalist... he's so insolent... his behavior was a perfect pretext for those... who could make a whole issue out of it... to say that China has such demon-like qualities (giggles)*. (G2—P4)
>
> *There's not only rudeness in his behavior, but also deception... by stealing the opportunity with the "hard-to-distinguish" Asian face. It's so bad to play such a trick. It's just because of such incidents that Chinese are generally despised*. (O1—w* 4)

Or even more severely, angrier participants underlined R as a **"face-loser"**, whose impertinent behavior brought shame to the country. They assailed him as not only "*losing the country's face in a foreign country*"(O1—z* o) but also "*losing all Chinese's faces by being so uncultivated*"(O4—l25). Some participants "*begged [R] to stop losing the face of our motherland*" (O1—n* g), or even blamed him as "*sinner for the whole nation. Just because of this, all efforts of our country's image-building went in vain*"(O1—凯* 银). Through such use of flaming language, these participants exhibited their patriotic passion, adding a layer of **"patriotic Chinese"** to their Confucian identities.

3.2 Contemporary Competitor: *"Chinese are really rising up, in front of the US"*

In contrast with the above negative comments, a whopping proportion of discussions regarded R's bidding behavior as brave and admirable. Such discourse was in opposition to the Confucian ideology, and highlighted a **"contemporary competitor"** identity of the participants.

This identity, situated in a capitalist ("socialist with Chinese characteristics") society, is centered on satisfaction of self-esteem needs. In Xu Jinsheng's (1999) portrayal, it can be called "self-esteem personality". Matching Maslow's theory of basic human needs with a Marxist classification of social development, Xu claims that while China undergoes the social change from planned to market economy, the "personality" for the majority is being transformed from a "belonging" type centered on belonging needs, to a "self-esteem" type centered on self-esteem needs. The latter is characterized by, among other things, an "enterprising life attitude, independence and awareness of human rights, and competitive spirit" (Xu, 1999: 3). In this light, identities pertaining to this orientation were projected with the following characteristics.

3.2.1　International Arena-Site of Competition

At the (inter)national level, such an esteem-centered identity views the world as a site of competition for power, which is a win or lose game, hence R was positively considered an **"opportunity-seeker"**. His bid for the question opportunity was glowingly appreciated:

> *This is the so-called "rising up", and the meaning of rising is just this spirit, that of grasping the opportunity... and R is exactly such an opportunity-grasper～* (O2—友*害)

> *He should of course stand up for the question bid. I think on this important international occasion, to face and interact with leaders of other countries is indeed an opportunity, which should not be missed.* (G1—P1)

> *Opportunities, to some extent, should be obtained by yourself. On the world stage, if you don't actively strive for them, no one would voluntarily pass opportunities to you... his behavior is understandably a way of seeking opportunities.* (U2—P6)

In order to win the competition, one has to show strength in relation to others. Thus R was considered in a very positive streak, as a **"competent and active professional"** and **"courageous Chinese"** in the fierce international competition, showing "*an admirable professional spirit*"(O1—燕*羽), "*the great power of Chinese media that the world can't possibly ignore*"(O1—迷*慕), and "*the dignity and prowess of a Chinese man, compared with the humble Korean press*"(O1—糊*晶).

Some participants heightened the importance of such active behavior as "*showing the Chinese people are really rising up, in front of the US*"(O1—车*师), and "*letting the world hear China's voice*"(O1—c*甚). From such enthusiastic applauses, the participants openly declared their own identities as **"confident and proud Chinese"** and celebrated the rise of China as a world power:

> *The reason why someone like R stands on the world stage is that our country is now strong and powerful, and we now speak with our back straight. In the past, this couldn't happen... We can speak because we feel sure of ourselves... On such international occasions, China should show herself more.* (W2—P5)

3.2.2 A New Face of Chinese

Participants who championed a new, empowered image of China also advocated behaviors corresponding to China's rising status. Proponents in this camp, especially in online discussions, regarded those who "confused" and "wronged" R's bravery for ignominy, as **"diffident Chinese"**, and chided the *unconfident and timid* characteristics of them: "*Chinese should no longer remain silent*"(O1— F* 洋). "*Chinese should have shown such valiance as R long long ago, and should never again behave like a coward in front of a foreigner, or we'd be bullied by them if we acted weak.*"(O1—凄* 雨) and "*Stop being the 'tortoise' that can only swallow his own anger*"(O2—冰* 雪).

Some participants proposed that "old" and "outdated" aspects of Chinese culture and national mentality should be redressed according to the "new" phase of China. They were opposed to stereotypical definitions of Chinese culture or nation:

> *For us ordinary people, he (R) spiced up the tedious press conference... I think, compared with the age-old image of Chinese as a neutral, boring people, such (change) should be really good.* (W1—P5)
>
> *Should dogmatism and servility be typical Chinese characters? Those people who advocate authority and conformity are just confusing and numbing us. They're blocking our way to rise up.* (O3—奋* 斗)

The above speech acts dismissed the stereotyping of so-called traditional Chinese characters, and in effect implied the national identity as **"opponent of stereotypes"**. Besides, participants in this camp also exhibited a more progressive role of **"flexible reshaper of cultural traditions"**, when they loudly called for all the Chinese to "*stop observing the doctrines of Confucius and Mencius, strike back against countries like the US, and strip the thousand-year humility to be aggressive for once*"(O1—9* 爽), and confidently "*break loose the fetter of conventions and enjoy others' envies*"(O1— s* 5).

3.2.3 Empowering the Chinese Image

Like those who clung to the **Confucian *Junzi*** identity, this camp of participants also ascribed the question-bid behavior to nationalistic significances. Yet unlike Confucian advocates, **Contemporary Competitor** participants considered R in an overtly positive way. R was praised as a **"responsible Chinese citizen"**, as in the comments "*I believe you always have the concern about the whole country, and your act demonstrated your responsible attitude*" (O1—大* 7), and "*only by behaving like you, can our nation be hopeful.*"(O1—莫* 东)

Even more so, he was vehemently treasured as a **"face-winner"** for the country, as he not only "*raised a good question for Obama, and won face for his compatriots*" (O1—马*光) and "*checkmated Obama on the spot, and enhanced the face of the Chinese Nation*" (O1—华*P), but was also gloriously modeled as "*the pride of China*" (O2—九*江). Such glowing remarks demonstrated the participants' "**confident and proud Chinese**" identity, and all the more reinforced their identities as "**patriotic Chinese**".

3.3 Interaction of the Two Prototypes

The two major national identity prototypes contrasted with each other in significant ways, yet instead of being self-contained, they interacted with one another in various ways.

3.3.1 Competition

The two prototypical national identities, with their ideologies competing with each other, mainly on the following issues.

The legitimacy of "representation". By and large, the act of "representing the entire Asia" was condemned by participants of the "**Confucian *Junzi***" identity as act of folly and shame, and this whole event was stigmatized as the "*Representative-Gate scandal*" (e. g., O1—L*C). Participants gave various accounts of R's behavior as that of an "**inappropriate representative**":

> *Whoever, under whatever circumstances, should normally represent himself only, which is just common sense. You represent this and that... do you really think you have the right to represent a person, a district, or even a country??? You're making an international joke!!!* (O2—z*q)

> *It's such an egregious thing to say to represent the whole Asia. Asia is such a big continent... you can only at best represent your own country. You can't necessarily speak the mind of others. (By such representation), he's too arrogant, and such representation is so overbearing.* (G1—P2)

However, participants in the camp of **Contemporary Competitor** generally legitimized R's being a "**qualified representative**" in responding to the criticisms, as in "*... he's right. How come a Chinese not eligible to represent Asia?*" (O1— P*头) "*... every one of us is Asian, and every Asian person can represent it.*" (O1—清*泉) Some participant even directly equated R's behavior as a national strategy, explicitly displaying an obvious patriotic identity,

> *What is China's image—it's never sucking up to other countries, so why can't China represent Asia? How come you can't even utilize the voice in front of you (referring to other opponents)? China doesn't always need to be a nice guy. We have our own goals, and our own interest.* (O2—蓝*仁)

The act of criticizing. In a more meta-pragmatic way, participants also targeted at each other's position. In responding to a posting that buttressed R as a competent model, an Internet user refuted, "*This is obviously not the time for a Chinese journalist to speak. Chinese journalists can compete for voices, but this is too rude. Real patriotism is no audacity. Unthoughtful zealotry would only undermine the painstaking diplomatic efforts*"(O2—我*嘎), and thus virtually defined the other user as an "**uncritical nationalist**".

On the other hand, arguing with a previous comment that denigrated R, an advocate of "**Contemporary Competitor**" vehemently counterattacked, "*Don't confuse the national image with servile conformity! It's just such conserved traditional view that impedes the rise of China. If every one of our compatriots is R, do we need to worry that China is not powerful? Do we need to worry that China is not globally respected?*"(O1—奋*斗) With such acrid criticism, this participant mapped a downright "**Conservative Confucian**" identity onto the opposing user.

More intriguingly, the "act of criticizing" *per se* was tabled as a controversial behavior. Especially in the online data, those who held negative views toward R were labeled as "**irresponsible critics**", or even "**quislings**" who "*only criticized compatriots and feared the Americans, acting exactly like a renegade*"(O2—碧*家). Reversely, those who endorsed the "competitor" identity were perceived by the opposite camp as "**elitists**", a derogatory label for the upper class.

3.3.2 Conciliation

The debates and interaction were not black and white. Confucian adherents also held positive views and competitors negative views towards R's behavior. The participants attempted to form integrated ideology regarding contemporary China and the world, by trying to find a common ground that both camps could accept.

Common ground: a responsible patriot. Contrary to those angry flamers, some participants showed strong disappointment and resentment towards those "**internal clashers**", as they deplored, "*I've witnessed, time and again, the fratricidal character of Chinese, never changed!*"(O3—三*后) and "*Self-arguments in front of other foreigners are the real biggest obstacle against our development*"(O1—☆*冷). In hope of remedy, they urged that all Chinese act as "**responsible Chinese citizen**", calling for every citizen's "*love for the country as the ultimate responsibility*"(O1—开*子) and not to fight among countrymen.

Reconciled identities. As negotiation progressed, some participants could take into consideration views of the opposite camp, and tailored their accounts to be more generally acceptable. For example, facing challenges against R's behavioral propriety, a participant (G2—P4) of the competitive camp, insistently highlighted a **"neither haughty nor humble Chinese"** as the paramount image derived from traditional Chinese principles, while concessively admitting that R was more haughty than appropriate. On the other hand, from the Confucian stance, many participants (e. g. , O1—海*心) maintained that any Chinese citizen should at least be a **"rule observer"**, which was regarded as the fundamental code of conduct, regardless of whatever ideological positions.

3. 3. 3　Struggle for Alternatives

Some participants struggled to come up with alternative responses in R's position. How to reach a balance between the **Confucian *Junzi*** and the **Contemporary Competitor** seemed a common dilemma: "*The Chinese people value Confucian cultivation of propriety, but this is perceived as diffidence from a western perspective. I can see the journalist was trying to show a positive image of China, and of Asia. I myself don't know how to balance between western and Chinese culture. This is quite a struggle.*" (U2—P6) Yet this **"puzzled negotiation"** identity also showed positive sign of continuous exploration of the participants and the construction of more mature identities.

3. 4　Multiple Perspectives of National Identities

3. 4. 1　International Perspectives

While competitions and negotiations were centered on the core values that constitute "the Chinese", multiple perspectives or dimensions of national identities also emerged.

Most notably in this regard, some participants took into considerations other country's feelings, or evaluated the consequences from an international perspective, exhibiting the prominent quality of mindfulness (Ting-Toomey, 1999), i. e. , the awareness of self and other in the communicative situation.

Such international identities were most presented in the forms of **"multi-perspective observer"** or **"open-minded listener"**, who is able to estrange him/herself from an egocentric or ethnocentric standpoint, and views the situation from an alternative perspective. When approaching the "representative" issue, some participants questioned, "*What if other countries come to represent China? Have you thought about others' feelings when you presumptuously want to represent them? Do not impose on others that you don't want!.*" (O1—高*幺)

Moreover, "multi-perspectives" also entail respect for different viewpoints in negotiation:

No matter you're for or against R, you should make your voice heard. In my benevolent will, I'd like to understand all their different opinions as goodwill for a stronger China. A stronger China is one that can uphold all kinds of voices, and there'll be no need to override any side. (O2—云*帆)

In a similar vein, those who were "*boasting a Chauvinistic spirit for China*"(U1—P2) were abnegated by some as "**hegemonic power claimers**". For them, the good for the international was also vital for the national, in the view that damage of one was likewise pernicious to the other. Such incorporation of the international and the national indicated a "productive" (Gao, 2001) orientation of multiculturalism.

3.4.2 Individual and Institutional Perspectives

Besides the national/international standpoints, some participants highlighted different identities of R, or different ways to examine his behavior, so as to absolve R's question-bid event and its consequence from an apolitical interpretation. For instance, some participants attributed such behavior to his own personality, regarding R solely as an "**individual speaker**" or a member of his profession, who exhibited a laudable characteristic of a competitive individual, having nothing to do with the national. Other participants maintained that R's reproachable behavior only reflected his institutional identity, rather than a national orientation, regarding his inappropriate behavior as an "**institutional representative**" or a "**direct transmitter of official discourse**".

In so doing, participants expressed their own national identities as "**claimers of nationalism**", who were articulately opposed to coating political judgments or national significance on R's behavior. In this way, they also implied their national identities as "**explainers and defenders**" for R and China, hoping to trivialize meanings of the event into merely an individual matter. Therefore, embedded in these comments was a profound patriotic passion (thus the identity of "**patriotic Chinese**").

3.5 Features of Internet and Interview Discourses

While the above were common findings across data types, prominent and interesting differences were discovered between the Internet (online) and interview (offline) data. Generally speaking, the discourse by the online participants was more assertive, emotional and polarized, whereas the offline interview discourse, pertaining to the participants from approximately the same social group, was more open, rational, and dialogical.

Specifically, the interviews seemed to benefit from some in-depth interactions, thus yielding more responsive, qualifying and dialogical discourses. For instance, perceived identities of R as "**hegemonic power claimer**" and participants'own identities as"**flexible reshaper of cultural traditions**", "**open-minded listener**" and "**opponent of stereotypes**" were mostly seen or even exclusive to the offline corpus. This disparity suggests how online/offline "activity frames"influence identity performances (Aarsand, 2008), implying that the development of a mindful international identity necessarily require amicable, open, and dialogical interactions.

More notably, echoing previous research on the online public sphere (Dahlberg, 2001), Computer-Mediated Communication facilitates freethinking and unrestricted opinions, thus contributing to the formation of more intensified attitudes and identity categories, such as "**face-loser**" and "**face-winner**", which were almost unseen in the offline corpus. However, such unmediated feature of the Internet also fosters emotional and unreflective interaction and flaming language, as revealed by the derogatory identities of "**quisling**", "**uncritical nationalist**", "**diffident Chinese**", and "**elitist**". Such findings provoke further thinking in the democratizing function of the Internet in contemporary Chinese society.

4. Conclusion

As the bottom-up speech act analysis of interview and Internet data revealed, Rui Chenggang's question-bid at the G-20 press conference served as a screen onto which various national identities of Chinese young adults were projected. The national identities were grounded on two prototypes - the **Confucian *Junzi***, and the **Contemporary Competitor**. These two major identities interacted with each other in various ways, reflecting the dynamics of the two competing nationalistic ideologies in contemporary Chinese society, which urges continued research into the ways different cultural ideologies form and shape the current Chinese society. Participants' identities on more dimensions were also discovered, such as the "**multi-perspective listener**" and "**critical self-reflectivist**", which implied an international orientation. Difference was also found between the Internet and interview discourses. While the former was more assertive, emotional and polarized, the latter was more open, rational, and reflective.

The findings are in part consistent with previous findings concerning the emergence of "**empathetic listener**" and "**reflective thinker**" in line with "**productiveness**" in multiculturalism, and their co-existence with "**patriotic speaker**" and "**reserved non-speaker**" (Gao, 2010). The conflicting and complex discourses indicate identity transformations and dilemmas experienced by contemporary Chinese young adults, as China repositions itself in the world with its "peaceful rise." Such discourses also provoke further thinking regarding the manifold functions of the internet in the development of democratic ways of speaking and thinking.

Notes

1. According to the 17th national survey report in 2008, 66.7% of internet users were between the age of 10 and 29, and 84.3% were between 10 and 39. See http://www.cnnic.net.cn/en/index/0O/index.htm.
2. Coding for online data: O2—Online corpus code; y* t—Participant's user name, with the middle characters anonymized. Coding for group interviews: W2—Group code; P1—Participant number in the group.

References

Aarsand, P. 2008. Frame switches and identity performances: Alternating between online and offline. *Text & Talk*, 28(2): 147—270.

Chen, G. M. 2009. Intercultural communication competence. In S. W. Littlejohn & K. A. Foss (Eds.), *Encyclopedia of Communication Theory* (pp. 529—532). Los Angeles, Calif.: Sage.

Dahlberg, L. 2001. Computer-Mediated communication and the public sphere: A critical analysis. *Journal of Computer-Mediated Communication*, 7(1). Retrieved from http://t.cn/zjfZUZr.

De Cillia, R., Reisigl, M., & Wodak, R. 1999. The discursive construction of national identities. *Discourse & Society*, 10(2), 149—173.

Gao, Y. 2001. "1+1>2"外语学习模式 (*Foreign Language Learning: "1+1>2"*). Beijing: Peking University Press.

Gao, Y. 2010. Speaking to the world: Who, when and how? An ethnographic study of slogan change and identity construction of Beijing Olympic Games volunteers. *Asian Journal of English Language Teaching*, 20, 1—26.

Garver, J. W. 1993. *Foreign Relations of the People's Republic of China*. Englewood Cliffs, N.J.: Prentice Hall.

Guo, Y. 2004. *Cultural Nationalism in Contemporary China*. London; New York: Routledge Curzon.

He, B., & Guo, Y. 2000. *Nationalism, National Identity and Democratization in China*. Aldershot; Brookfield: Ashgate.

Hester, S., & Housley, W. 2002. *Language, Interaction and National Identity: Studies in the social organisation of national identity in talk-in-interaction*. Aldershot: Ashgate.

Hirokawa, R. Y. 1988. Group communication research: Considerations for the use of interaction analysis. In C. H. Tardy (Ed.), *A Handbook for the Study of Human Communication* (pp. 229—245). Norwood, NJ: Ablex.

Joseph, J. 2004. *Language and Identity: National, Ethnic, Religious*. New York: Palgrave MzcMillan.

Kasper, G. 2006. Speech acts in interaction: Towards discursive pragmatics. In K. Bardovi-Harlig, J. C. Félix-Brasdefer & A. S. Omar (Eds.), *Pragmatics and Language Learning* (Vol. 11, pp. 281—314). Honolulu, HI: Second Lanaguage Teaching and Curriculum Center University of Hawai'i.

Ting-Toomey, S. 1999. *Communicating Across Cultures*. New York: Guilford Press.

Weedon, C. 2004. *Identity and Culture*. Maidenhead, England: Open University Press.

Wu, X. 2007. *Chinese Cyber Nationalism: Evolution, Characteristics, and Implications*. Lanham: Lexington Books.

Xu, J. 1999. 活出最佳状态——自我实现 (*To Reach the Best State of Life: Self-actualization*). Beijing: Xinhua Press.

Zeng, H., & Guo, S. 2012. "乐"——中国人的主观幸福感与传统文化中的幸福观 ("Le": The Chinese subject well-being and the view of happiness in China tradition culture). *Acta Psychologica Sinica*, 44(7), 986—994.

Zhao, S. 2000. Chinese nationalism and its international orientations. *Political Science Quarterly*, 115(1), 1—33.

Appendix:

Distribution of R's Perceived Identities and Participants' Implied National Identities

Table 3　Distribution of R's Perceived Identities

Identity	Counts in interviews	Counts in Online data	Total Counts
Neither haughty nor humble Chinese	2	6	8
Competent and active professional	55	131	186
Courageous Chinese	6	61	67
Opportunity-seeker	37	58	95
Explainer and defender for China	—	1	1
Flexible reshaper of cultural traditions	5	—	5
Individual speaker	35	25	60
Open-minded listener	—	1	1
Silence fixer	9	5	14
Strategic communicator	81	24	105
Claimer of nationalism	1	—	1
Victim of attack	2	4	6
Good and outspoken English speaker	—	19	19
Face-winner	2	53	55
Responsible Chinese citizen	—	8	8
Institutional representative	11	12	23
Aggressive speaker	46	4	50
Conceited speaker	5	58	63
Depriver of opportunities	17	14	31
Diffident Chinese	—	5	5
Direct transmitter of official discourse	1	22	23
Hegemonic power claimer	12	—	12
Impatient listener	11	7	18
Impolite participant	43	29	72

（续表）

Identity	Counts in interviews	Counts in Online data	Total Counts
Self-important star	1	18	19
Unwise communicator	47	20	67
Uncritical nationalist	—	1	1
Quisling	—	1	1
Face-loser	9	29	38
Internal clasher	—	1	1
Conservative Confucian	4	1	5
Inappropriate representative	37	137	174
Elitist	—	8	8
Irresponsible critic	—	2	2
Qualified representative	15	61	76

Table 4 Distribution of the implied national identities of participants[1]

Identity	Counts in interviews	Counts in Online data	Total Counts
Confident and proud Chinese	37	284	321
Confident and proud + Patriotic Chinese	—	8	8
Confucian value adherent	66	112	178
Confucian value adherent / Protester against imposition	55	16	71
Confucian value adherent + Patriotic Chinese	2	6	8
Confucian value adherent / Fair-play supporter	—	5	5
Critical self-reflectivist	12	23	35
Critical self-reflectivist + Patriotic Chinese	—	1	1
Protester against imposition	40	146	186
Protester against imposition + Patriotic Chinese	—	1	1
Explainer and defender for China	96	31	127
Fair-play supporter	10	17	27
Flexible reshaper of cultural traditions	11	9	20
Multi-perspective observer	39	18	57
Open-minded listener	2	—	2
Opponent of stereotypes	8	—	8
Rule observer	9	12	21
Sincere communicator	5	2	7
Strategic communicator	3	—	3
Claimer of nationalism	66	29	95
Responsible Chinese citizen	1	1	2

（续表）

Identity	Counts in interviews	Counts in Online data	Total Counts
Patriotic Chinese	24	102	126
Patriotic Chinese + *Puzzled negotiator*	—	1	1
Puzzled negotiator	6	2	8
Conservative Confucian	1	—	1

Notes：1　In this table，A+B stands for the co-existence of two national identity types in one speech act，and A/B indicates that the interpretation of either A identity or B identity is possible.

儒家君子，还是当代竞争者？

——芮成钢峰会提问之争与国家认同

聂　骅　高一虹

提要　央视记者芮成钢在首尔 20 国集团峰会记者招待会上，向美国总统奥巴马争取提问机会的行为，在中国年轻人中引起了热议。本文通过对此褒贬评论的话语分析，考察在全球化和“大国崛起”的语境下，中国年轻人的国家认同。研究语料来自 4 个主流网络媒体的相关网络讨论和 6 组面对面集体访谈的录音转写。语料分析自下而上分为两种，一种是评论芮成钢行为的言语行为，另一种是言语行为主体的国家认同。结果发现，研究对象的国家认同主要有两大类，一类是体现了传统社会准则和行为规范的“儒家君子”，另一类是体现自立自强价值观念的“当代竞争者”。这两类认同既相互竞争，又相互协商妥协。研究还比较了网上话语和网下访谈话语的差异，网上话语态度更加鲜明、情感更加丰富；网下访谈话语更加开放、更加理性。

关键词　言语行为；国家认同；君子；协商

(Nie Hua，Gao Yihong，Peking University)

南京服务行业语言服务调查*

李现乐

提要 本研究从服务语言的选择、语言服务的方式、语言服务的投入和语言服务的经济价值四个方面,调查南京服务行业语言服务状况。结果显示,语言服务消费者的年龄、经济状况及其对语言服务的关注度等因素,对消费者的消费意愿产生一定的影响。语言服务消费者对语言服务的关注及其多样化的消费意愿,表明语言服务在现代社会中所具有的重要经济价值。

关键词 语言服务;服务语言;语言经济;语言资源

1. 引言

党的十七大报告指出,要"发展现代服务业,提高服务业比重和水平";2007年《国务院关于加快发展服务业的若干意见》首次明确提出"尽快使服务业成为国民经济的主导产业"。服务业的快速发展离不开语言服务,优质的服务必然有语言服务的参与。

传统的语言服务多是指语言产业中的翻译服务,本文所说的"语言服务"是指以语言(含方言、文字)为主要媒介手段或产品内容的服务行为,这种语言服务渗透在众多服务行业的具体服务行为中。在一些服务行业中,尽管语言服务不是核心服务,但是却能够提升和促进核心服务的实施。语言服务行为的实施需要具备两个基本要素,即语言服务的提供者和接受者(李现乐,2011)。本研究从上述两方面出发,调查南京服务行业中语言服务状况,尝试探索非传统的语言服务在服务经济背景下对经济发展的重要作用。

2. 抽样调查

本调查以问卷法为主。选取南京下辖城区的鼓楼、玄武、白下、建邺、下关、秦淮六个主城区作为核心调查区域,部分调查涉及栖霞、雨花台、江宁三个城区。调查问卷分两类:语言服务

---

* 本文系国家语委"十二五"科研规划一般项目"语言经济及语言服务发展战略研究"(项目编号 YB125—39)、教育部人文社科研究青年基金项目"服务经济背景下的语言服务研究:语言资源观与语言经济学的视角"(项目编号 12YJC740050)的阶段性成果之一。

提供者问卷和语言服务接受者问卷。问卷一的调查对象主要是南京市上述九城区的餐饮、住宿、零售、金融、旅游、电信等服务行业的服务人员；问卷二的主要调查对象为上述六城区的南京市民。

问卷一(语言服务提供者)的调查方法是：在餐饮、住宿和旅游领域，根据南京市旅游局网站“旅游黄页”资料，获取南京市星级饭店的名录和旅行社的名录[1]，采取随机配额抽样方法，结合非星级餐饮住宿单位的非随机抽样，选取不同档次的调查对象若干，对其服务人员和部分管理人员发放问卷；零售、金融和电信领域，主要根据其营业网点在各城区的分布情况，将随机抽样和非随机抽样相结合，发放问卷，必要时进行即时访谈。

问卷二(语言服务接受者)的调查方法是：根据南京市主城区的划分，将问卷二的调查总量按数额分配到各区(主要是六城区)中，每区采用随机抽样的方法，选取一至三个小区；每一小区的调查抽样，结合调查的人力和物力情况，采用非随机抽样的方式，选取若干单元整体抽样，入户发放问卷，现场回收。

问卷一共发放问卷572份，回收550份，回收率96.2%，其中有效问卷491份，有效率89.3%；问卷二共发放问卷337份，回收333份，回收率98.8%，其中有效问卷315份，有效率94.6%。

本调查涉及的服务单位的行业分布是：餐饮业93家(18.9%)；住宿业74家(15.1%)；零售业86家(17.5%)；旅游业69家(14.1%)；金融业98家(20.0%)；电信业56家(11.4%)；其他15家(3.1%)。其规模分布是[2]：大型216家(44.0%)；中型136家(27.7%)；小型131家(26.7%)，其他8家(1.6%)[3]。

接受调查的服务人员性别分布为：男111人(22.6%)；女380人(77.4%)。年龄分布是：20岁以下46人(9.4%)；21—30岁343人(69.9%)；31—40岁60人(12.2%)；41—50岁34人(6.9%)；51—60岁6人(1.2%)；61岁以上2人(0.4%)。

接受调查的语言服务消费者的性别分布为：男140人(44.4%)；女175人(55.6%)。年龄分布是：20岁以下34人(10.8%)；21—30岁111人(35.2%)；31—40岁52人(16.5%)；41—50岁42人(13.3%)；51—60岁42人(13.3%)；61岁以上34人(10.8%)。

3. 调查结果

基于语言服务的提供者和接受者两要素，本调查主要从服务语言的选择、语言服务的方式及语言服务的投入和经济价值等几方面考察南京服务行业语言服务状况。

3.1　服务语言的选择：普通话和外语

选择何种语言作为服务工具是语言服务人员首先要面对的问题。如何看待各种语言资源在语言服务过程中的作用？当前，普通话资源、方言资源和外语资源在语言服务中的重要性如何？调查显示，服务人员的主要工作语言(即服务语言)，91.4%的被调查者认为是普通话，5.9%的认为是南京话，另有0.6%的认为是其他方言或外语。因此，在服务人员看来，普通话已经是他们主要的工作语言。

如何看待普通话在服务过程中的重要性？调查表明，总体上看，服务人员对普通话在语言服务中的重要性有较为一致的认识：66.0％的服务人员认为普通话很重要，28.5％的服务人员认为普通话比较重要，只有5.5％的服务人员认为无所谓或不重要、很不重要。与普通话相比，外语资源在语言服务中的重要性则未能得到服务人员的高度认可：21.4％的服务人员认为外语很重要；39.1％的服务人员认为外语比较重要；而认为外语无所谓或不重要、很不重要的占39.5％。

从单位规模来看，认为普通话在语言服务中很重要和比较重要的比例分别为：大型64.8％和32.4％；中型70.6％和24.3％；小型64.1％和25.2％。可见，不同规模服务单位的服务人员对普通话和外语的重要性认识并不存在较大差异。在外语方面，大、中、小型语言服务单位的服务人员对外语重要性的认识存在一定的差异，认为外语在语言服务中很重要和比较重要的比例分别为：大型25.5％与40.3％；中型16.2％与44.1％；小型21.4％与32.8％。其中，大型和中小型之间具有显著差异。可见，大型服务单位对外语在服务中的作用评价更高。

上述调查显示，91.4％的服务人员在服务过程中主要使用普通话；服务人员对普通话的重要性有较高的评价。那么，服务人员的普通话标准程度如何？调查显示，总体上看，服务人员对自身普通话标准程度的评价是积极的。其中，认为“很标准”和“比较标准”的分别占10.6％和41.3％；认为“一般”的占36.0％；而认为不太标准和很不标准的仅有12.0％。从服务单位的规模来看，大、中、小型服务单位的服务人员的普通话标准程度分布情况如下表1所示。方差检验结果表明，大、中型与小型服务单位之间有显著性差异；大、中型之间无显著性差异。可见，大、中型服务单位服务人员的普通话水平整体上高于小型服务单位的服务人员。

表1　普通话标准程度的单位规模分布

单位规模	标准程度(％)					合计(％)
	很不标准	不太标准	一般	比较标准	很标准	
大型	2.3	10.6	29.2	44.4	13.4	100.0
中型	0	9.6	34.6	44.9	11.0	100.0
小型	2.3	11.5	46.6	33.6	6.1	100.0
其他	0	0	75.0	25.0	0	100.0
合计	1.6	10.4	36.0	41.3	10.6	100.0

针对上述服务人员的普通话标准程度，本调查进一步了解了服务人员参加普通话水平的测试情况。调查结果显示，76.6％的服务人员没有参加普通话水平测试；23.4％的服务人员参加过普通话水平测试。部分被调查者表示，工作单位没有普通话水平等级的明确要求。[4]

上述调查显示，外语资源在语言服务过程中的重要性得到了部分服务人员的较高评价。具体语言服务过程中服务人员使用外语频率如何？调查显示，经常使用外语的服务人员占

4.3%，有时使用占 12.8%，偶尔使用占 18.9%，很少使用占 29.3%，完全不用占 34.6%。调查同时显示，在使用的外语语种分布方面，英语占有绝对的优势(58.9%)；就服务人员使用外语的熟练程度看，占总数 7.9%(39 人)的被调查者认为外语使用很熟练或比较熟练，34.4%(169 人)的被调查者认为外语使用熟练程度为一般。从单位规模来看，服务人员外语使用频率分布如下表 2 所示。方差检验结果表明，大型与中、小型存在显著差异；中、小型之间不存在显著差异。可见，大型服务单位明显比中、小型服务单位提供更多的外语服务。这一方面与服务人员对外语的重视程度有关(见上文调查数据)，另一方面也与不同规模的服务单位所面对的服务对象不同有关，大型服务单位比中、小型服务单位有更多服务外宾的机会。

表 2　外语使用频率的单位规模分布

单位规模	外语使用频率(%)					合计(%)
	经常使用	有时使用	偶尔使用	很少使用	完全不用	
大型	6.5	17.1	25.0	27.3	24.1	100.0
中型	1.5	11.0	14.7	36.0	36.8	100.0
小型	3.8	6.1	14.5	26.7	48.9	100.0
其他	0	37.5	0	12.5	50.0	100.0
合计	4.3	12.8	18.9	29.3	34.6	100.0

3.2　语言服务的方式：文明用语与服务忌语

使用文明用语(如文明礼貌用语“您好、谢谢、对不起”和行业文明用语等)是语言服务的基本方式之一。服务人员在使用文明用语上的态度一定程度上体现了服务人员的服务意识，也会间接影响到服务人员的语言服务行为和服务效果。调查显示，总体上看，服务人员对使用文明用语的必要性持有较高的评价，认为很有必要和有必要的分别占 57.2%和 36.9%；只有少数服务人员认为无所谓和不太必要(3.3%和 2.6%)。在禁用服务忌语方面，服务人员对其必要性也持较高评价，认为很有必要和有必要禁用服务忌语的分别占 52.7%和 39.7%；另有 4.7%的服务人员对禁用服务忌语持无所谓的态度；持相反态度的占 2.8%。

从服务单位规模来看，不同规模服务单位的服务人员对使用文明用语和禁用服务忌语必要性认识的百分比分布如下表 3 所示。从表中可见，不同规模服务单位的服务人员认为很有必要和有必要使用文明用语的比例分别为：大型 63.4%和 33.3%；中型 56.6%和 40.4%；小型 47.3%和 38.9%。方差检验结果表明，小型与大、中型之间存在显著性差异，大、中型之间无显著性差异。在禁用服务忌语方面，不同规模服务单位的服务人员认为很有必要和有必要禁用服务忌语的比例分别为：大型 56.9%和 38.4%；中型 55.9%和 40.4%；小型 42.0%和 41.2%。方差检验结果表明，小型与大、中型之间存在显著性差异，大、中型之间无显著性差异。可见，在对文明用语和服务忌语的认识方面，小型服务单位明显差于大、中型服务单位。这也在一定程度上反映出不同规模的服务单位中服务人员的语言服务意识的强弱。

表3　使用文明用语和禁用服务忌语的单位规模分布

单位规模	使用文明用语(%)				禁用服务忌语(%)				
	很有必要	有必要	无所谓	不太必要	很有必要	有必要	无所谓	不太必要	很不必要
大型	63.4	33.3	2.3	0.9	56.9	38.4	3.2	0.9	0.5
中型	56.6	40.4	0	2.9	55.9	40.4	1.5	1.5	0.7
小型	47.3	38.9	8.4	5.3	42.0	41.2	10.7	3.8	2.3
其他	62.5	37.5	0	0	62.5	37.5	0	0	0
合计	57.2	36.9	3.3	2.6	52.7	39.7	4.7	1.8	1.0

调查显示，服务人员对使用文明用语和禁用服务忌语的必要性持有较高的评价。具体服务过程中，文明用语和服务忌语的使用情况如何？以文明礼貌用语为例，调查显示，服务人员经常使用文明礼貌用语的占94.1%；有时使用的占4.3%；偶尔使用的占1.2%；极少数服务人员在服务过程中不用文明礼貌用语(0.4%)。服务忌语方面，具体服务过程中服务人员"决不使用"和"几乎不用"服务忌语的服务人员分别占38.9%和42.8%，"偶尔使用"的占10.6%；"有时使用"和"经常使用"的分别占3.3%和4.5%。

3.3　语言服务的投入：服务单位及服务人员

在语言服务的投入上，服务单位主要体现在对本单位与语言服务相关规定的制定和实施，以及对员工的语言培训等方面。

首先关注工作语言的规定。调查显示，49.5%的服务人员认为本单位对主要工作语言有规定；认为没有规定的占43.8%；另有6.7%的被调查者对本单位是否有规定不清楚。从规定工作语言的语种来看，规定普通话为工作语言的占有规定工作语言总量的98.8%。从单位规模来看，大、中型服务单位中"规定本单位工作语言"的比例较高，分别为55.6%和56.6%，小型服务单位中"规定本单位工作语言"的仅占32.8%。方差检验结果表明，大、中型服务单位与小型服务单位有显著性差异，大、中型服务单位之间无显著性差异。可见，在语言服务的管理(如对工作语言的规定方面)，大、中型服务单位好于小型服务单位。

除了对工作语言的规定之外，服务单位在文明用语和服务忌语方面的规定，也是服务单位具体实施语言服务的一部分，同时也体现一个服务单位对语言服务的重视程度和投入状况。调查显示，85.3%的被调查者认为本单位要求员工工作时使用文明用语；80.2%的被调查者认为本单位规定员工工作时不能使用服务忌语。就服务单位的规模来看，不同规模的服务单位之间的差异特征也较为明显。调查结果见下表4数据。总体上看，服务单位都较为重视文明用语的使用和服务忌语的禁用，其中接近九成的大、中型服务单位有使用文明用语方面的规定；八成以上的大、中型服务单位有禁用服务忌语方面的规定；小型服务单位在规定文明用语和服务忌语方面的比率也在七成以上。方差检验结果表明，与对工作语言的规定相似，在对文明用语与服务忌语的规定上，大、中型单位与小型单位存在显著性差异，大、中型之间不存在显著性差异。可见，与上文对工作用语的规定类似，对文明用语和服务忌语的规定，也是大、中型服务单位好于小型服务单位。

表4 有关文明用语和服务忌语规定的单位规模分布

单位规模	规定使用文明用语(%)			规定禁用服务忌语(%)		
	有	没有	不清楚	有	没有	不清楚
大型	90.7	3.7	5.6	81.5	10.2	8.3
中型	88.2	8.1	3.7	85.3	8.8	5.9
小型	73.3	16.0	10.7	71.8	16.0	12.2
其他	87.5	12.5	0	100.0	0	0
合计	85.3	8.4	6.3	80.2	11.2	8.6

服务单位对语言服务投入的另一方面是对服务人员的语言培训，包括：单独的语言服务方面的培训和在业务培训中的语言方面的培训。调查结果显示，48.1%的被调查者认为本单位“经常有”或“有时有”语言培训（包括在业务培训中有语言方面的培训，下同）；“偶尔有”的占9.6%；“很少有”的占13.4%；认为“完全没有”的占28.9%。从单位规模来看，不同规模的服务单位举办语言培训的频率有一定的差距（表5）。其中，大型服务单位“经常有”和“有时有”的比率之和为53.3%；中型服务单位“经常有”和“有时有”的比率之和为55.1%；小型服务单位“经常有”和“有时有”的比率之和为31.3%。方差检验结果表明，大、中型服务单位语言培训频率与小型服务单位存在显著性差异，大、中型之间不存在显著性差异。可见，大、中型服务单位在语言培训方面，培训频率高于小型服务单位。

表5 语言培训频率的单位规模分布

单位规模	语言培训频率(%)					合计(%)
	经常有	有时有	偶尔有	很少有	完全没有	
大型	22.7	30.6	10.2	13.9	22.7	100.0
中型	30.1	25.0	8.8	16.2	19.9	100.0
小型	15.3	16.0	9.2	10.7	48.9	100.0
其他	0	62.5	12.5	0	25.0	100.0
合计	22.4	25.7	9.6	13.4	28.9	100.0

语言培训的语种分布情况也是本次调查较为关注的内容。调查显示，在有语言培训的服务单位中，普通话培训占绝对的优势（57.2%）；外语培训也有相当的比例（10.4%）；少量服务单位有普通话加外语培训（1.6%）；此外，还有被调查者表示有方言（南京话）培训（占0.4%）。

从培训语种的单位规模分布来看(见下表6),普通话培训主要集中在中型服务单位;外语培训主要集中在大型服务单位;小型服务单位在普通话、外语的培训方面都与大、中型服务单位有一定的差距。这一现象的出现,也支持了前述相关的调查结果:大型服务单位对外语的重视程度和使用频率方面都比中、小型服务单位高;大、中型服务单位服务人员的普通话水平整体上高于小型服务单位的服务人员。

表6　语言培训语种的单位规模分布

单位规模	培训语种(%)					合计(%)
	普通话	外语	南京话	普通话加外语	(跳过不答)	
大型	55.1	17.6	0	2.8	24.5	100.0
中型	71.3	6.6	0	1.5	20.6	100.0
小型	45.0	3.1	1.5	0	50.4	100.0
其他	75.0	0	0	0	25.0	100.0
合计	57.2	10.4	0.4	1.6	30.3	100.0

服务单位的语言投入的另一方面,是对服务人员招聘时的语言能力要求以及工作考核中的语言能力评价。调查结果如下表7所示。由表中可知,有50.9%的被调查者认为,在应聘工作时服务单位有语言能力方面的要求;而只有25.1%的被调查者认为,服务单位在评估员工绩效时有语言能力方面的评价。对比两项调查结果可以发现,尽管不少服务单位注意到了服务人员应该具有一定的语言服务能力(因而在员工招聘时有语言方面的要求),但是实际工作中却未能把语言能力(进一步地说语言服务能力)作为工作考核的指标之一来考查,因而未能真正重视员工的语言服务能力。这也与上文调查所显示的语言培训频率总体不高的状况相互印证。

表7　服务单位招聘时的语言要求及工作中的语言能力评价

单位规模	招聘时语言要求	百分比	工作中语言评价	百分比
有	250	50.9	123	25.1
没有	172	35.0	232	47.3
不清楚	69	14.1	136	27.7
合计	491	100.0	491	100.0

从服务人员对语言服务投入的角度看,除了语言习得之外,参加语言培训是增强自身语言服务能力的重要途径。调查结果显示,“经常参加”和“有时参加”单位组织的语言培训的分别占调查总量的13.2%和18.7%;而自费参加语言培训的比例很少(13.7%)。可见,在提高语言服务能力方面,服务人员的语言培训投入不是很高。这也可能与上述调查所显示的服务单位对员工工作考核中的语言能力评价不够有关。

3.4　语言服务的经济价值

从语言服务的接受者(消费者)的角度,本调查借助"消费意愿"概念考察了语言服务的经济价值问题。语言服务的消费意愿主要是指语言消费者愿意为语言服务支付的价格。[5] 较高的消费意愿意味着较高的潜在语言消费价格,因而语言消费者的消费意愿直接体现了语言服务的经济价值。本调查对此设计的问题是:"假设有甲、乙两家条件同样的消费场所,其中甲比乙的语言服务好,甲的收费(价格)也略高一点儿,您会在以下几种情况中做出怎样的选择?"调查结果如下表8所示。从表中可见,总体上,消费者因语言服务做得好而愿意选择甲的比例明显高于选择乙的比例;其中因"语言温馨有特色"而选择甲的比例高于因"文字材料规范"而选择甲的比例,两者都高于因"普通话标准"而选择甲的比例;因"三项都好"而选择甲的比例最高。

表8　语言服务的消费意愿(%)

	单项甲好			三项甲都好
	普通话标准	文字材料规范	语言温馨有特色	
选甲	45.4	53.0	65.4	77.5
选乙	13.7	14.6	10.8	7.3
两家都可以	31.1	24.8	19.0	7.6
不好说	9.8	7.6	4.8	7.6
合计	100.0	100.0	100.0	100.0

进一步看,对于因语言服务好而选择价格略高的消费场所,"略高"的程度是消费者愿意支付的语言服务价格,直接反映了语言服务的货币化价值。鉴于语言服务研究中货币化计量的困难,我们尝试采用比较的方法(百分比的方式)调查消费者能够接受的"略高一点儿"的度,即语言服务的价格。问卷问题是:"如果上题中您有选择甲的想法,那么您能接受的'略高一点儿'的收费是甲比乙高多少?(如果超过这个比例,您就会选择乙)"调查结果显示,经过百分比的逐级累积之后[6],91.1%的消费者能够接受的"略高一点儿"的度是"5%以下"(即语言服务的价格占核心服务或商品价格的"5%以下");54.0%的消费者能够接受"6%—10%"的语言服务价格;24.0%的消费者能够接受"11%—20%"的语言服务价格;2.9%的消费者能够接受"21%—30%"的语言服务价格。

从消费者的年龄与语言服务消费意愿关系来看(见表9),消费者的消费意愿与年龄有一定的关联。从表中可见,在比例分布最为集中的"5%以下"和"6%—10%"两个段,总体分布特点是:前一段的比例随年龄的增加而有所上升;后一段的比例随年龄的增加而有所下降。此外,50岁以下的消费者对"11%—20%"选择的比例也明显高于50岁以上的消费者比例。同时,从不选择甲的情况(跳过不答的选项,即不愿意为好的语言服务付费的情况)来看,40岁以上的消费者不选择甲的比例明显高于40岁以下的消费者不选择甲的比例。可见,年龄因素影响对语言服务的消费意愿。越是年轻,越是能够接受较高价格的语言服务。

表 9　年龄与消费意愿

年龄	"略高一点儿"的度(%)					合计(%)
	5%以下	6%—10%	11%—20%	21%—30%	(跳过不答)	
20 以下	20.6	55.9	17.6	2.9	2.9	100.0
21—30	41.4	40.5	12.6	3.6	1.8	100.0
31—40	32.7	46.2	13.5	3.8	3.8	100.0
41—50	33.3	40.5	14.3	0	11.9	100.0
51—60	33.3	31.0	2.4	2.4	31.0	100.0
61—70	52.4	28.6	4.8	0	14.3	100.0
71 以上	61.5	15.4	0	7.7	15.4	100.0
合计	37.1	40.0	11.1	2.9	8.9	100.0

从消费者的收入来看(见表 10),相比较而言,中低收入(3000 元以下)的消费者倾向于选择 5%以下的语言服务价格;中高收入(3000 元以上)的消费者倾向于能够接受 6%—10%的语言服务价格;而选择 11%—20%的 3000 元以上的消费者所占比例(12.5%、13.9%和 24.3%)也明显高于 3000 元以下的消费者所占比例(8.3%和 7.5%)。[7]可见,消费者的经济状况也影响到对语言服务的消费意愿。中高收入者能够接受较高价格的语言服务。

表 10　消费者月收入与消费意愿

月收入	"略高一点儿"的度(%)					合计(%)
	5%以下	6%—10%	11%—20%	21%—30%	(跳过不答)	
2000 元以下	39.1	39.1	8.3	1.5	12.0	100.0
2000—2999 元	41.8	38.8	7.5	6.0	6.0	100.0
3000—3999 元	32.5	47.5	12.5	2.5	5.0	100.0
4000—4999 元	38.9	41.7	13.9	0	5.6	100.0
5000—10000 元	24.3	35.1	24.3	5.4	10.8	100.0
10000 元以上	50.0	50.0	0	0	0	100.0
合计	37.1	40.0	11.1	2.9	8.9	100.0

从消费者对语言服务的关注程度(以是否关注问候语为例)与语言服务的消费意愿关系来看(见表 11),在"5%以下"阶段,"很在意"和"比较在意"问候语的消费者比例明显低于"无所谓"和"几乎不在意"问候语的消费者比例;在"6%—10%"阶段,"很在意"和"比较在意"问候语的消费者比例明显高于"无所谓"和"几乎不在意"问候语的消费者比例;而在"11%—20%"和"21%—30%"阶段,"很在意"和"比较在意"的消费者所占比例也明显高于"几乎不在意"的消费者比

例。[8]可见，总体趋势是，越是关注语言服务的消费者，越是能够接受较高价格的语言服务。

表 11　消费者问候语关注度与消费意愿

问候语关注度	"略高一点儿"的度(%)					合计(%)
	5%以下	6%—10%	11%—20%	21%—30%	(跳过不答)	
很在意	27.5	45.0	10.0	5.0	12.5	100.0
比较在意	29.9	48.6	11.2	5.6	4.7	100.0
无所谓	40.8	35.2	12.0	0.7	11.3	100.0
几乎不在意	59.1	27.3	4.5	0	9.1	100.0
很不在意	75.0	0	25.0	0	0	100.0
合计	37.1	40.0	11.1	2.9	8.9	100.0

4. 问题分析与思考

语言服务调查表明，语言服务的价值一定程度上得到了消费者的关注，而在语言服务方面的一些问题值得进一步思考。

4.1　服务语言选择问题

本次调查针对的语言服务主要是非传统的语言服务，主要考察服务行业日常服务过程中涉及的服务语言使用和语言服务问题。调查显示，普通话是服务行业语言服务的主要工作语言；对于普通话在服务过程中的重要性，无论是何种规模的服务单位的服务人员都有较为一致的认识和积极的评价。这一结果表明，随着城市化的加速发展和人口流动的频繁，普通话在语言生活中的重要性日益体现，在当前服务行业中也占有极为重要的地位；同时，也表明，普通话的推广取得了重要成效，无论是观念上还是实际工作中，普通话都被作为重要的语言资源来看待和利用。

外语服务方面，调查显示，尽管与普通话相比外语资源在语言服务中的重要性尚未得到一致的较高认识与评价，尤其是不同规模的服务单位对外语重要性的认识存在较大差异，但是外语服务也在服务行业中占有相当的比重(上述调查中，大、中型服务单位有所体现)。随着我国对外开放的不断加深，国际交流的日益频繁，内地城市的外语服务也将会得到快速的发展，相关部门及服务行业也需要更加重视外语服务问题。

语言服务过程中的方言服务问题也值得关注。调查过程中，部分服务人员所反映的南京话培训，以及部分语言服务接受者(消费者)所反映的老年人需要南京话服务的问题，从两个方面提出了一个值得关注的方言服务问题。尽管这一部分群体在调查中的声音较弱，所占比重较小，但是普通话与方言关系以及语言权利问题再次提出。如何满足那些不懂普通话、只说方言的老年人在日常消费过程中的语言消费需求，也将是服务单位及服务行业需要面对的问题。

以上服务语言的选择问题，从另一个角度看，也是语言服务提供者与语言服务接受者之间的语言匹配问题。如果两者之间语言不匹配，语言服务就难以开展，语言服务的价值就无法实现。例如，方言服务问题，消费者如果不懂普通话和外语，即便服务人员的普通话和外语再标准和熟练，从消费者角度看，服务也是很不到位的，自然，服务效果和目标也难以达到。

4.2　语言服务方式问题

语言服务的方式与途径多种多样，本调查主要考察了服务行业中的口头语言服务和书面语言服务问题。调查显示，服务单位和服务人员对使用文明用语和禁用服务忌语都较为重视。另据调查显示，无论是认识上，还是具体的做法上，相对于口头语言服务（诸如上述文明用语和服务忌语的使用与禁用），服务人员对书面语服务（诸如文字宣传材料等）都显得不够重视（李现乐，2011）。因此，从语言服务方式上看，语言服务提供者存在一定的认识偏差，不利于全面提升语言服务（乃至语言服务所依附的服务行业提供的核心服务）的质量。

此外，就口头语言服务而言，本调查所显示的4.5%的被调查者（服务人员）"经常使用"服务忌语，3.3%的被调查者"有时使用"服务忌语。尽管所占比例不大，但是服务忌语的使用却是给服务单位和服务人员带来负面效果的言语行为，是对消费者不尊重的表现，一定程度上也是语言服务乃至整个服务失败的原因，需要进一步的关注。

4.3　语言服务能力问题

语言服务能力主要包括服务单位和服务人员的语言服务能力。就服务单位的语言服务能力而言，与语言服务的投入及服务单位的规模相关。本调查显示，不同规模的服务单位在语言服务的诸多方面都存在较为明显的差异。例如，员工的普通话标准程度方面，大、中型服务单位整体上好于小型服务单位；外语服务方面，对外语资源重要性的认识和使用频率，大型服务单位明显好于中、小型服务单位；对工作语言、文明用语和服务忌语的规定方面，大、中型服务单位明显好于小型服务单位；语言培训方面，不同规模的服务单位的投入也存在较明显的差异，其中大、中型服务单位语言培训频率明显高于小型服务单位。中、小型服务单位的语言服务能力问题值得关注。

就服务人员的语言服务能力来说，服务语言的使用能力，如普通话水平、外语熟练程度，甚至方言能力，都是构成语言服务能力的重要部分；行业文明用语的使用和服务忌语的禁用情况也能反映出服务人员的语言服务能力与素质。调查结果表明，上述涉及语言服务能力的诸多方面都还有待于改善、提高。此外，上述调查显示，服务单位一定程度上注意到了员工的语言能力会影响到本单位的服务质量，因而在招聘时要求员工具有一定的语言能力；但是在具体服务工作中，员工的语言服务能力并没有和语言服务的工作绩效挂钩，没有与员工的成绩评价和考核相联系，这又说明了服务单位并没有真正重视服务人员的语言服务能力。

4.4　语言服务的经济价值问题

上述调查显示消费者愿意选择语言服务好而价格略高的消费场所，表明语言服务具有较为显现的经济价值。而调查所显示的消费者的年龄、收入及对语言服务关注程度等因素对消费意愿的影响，也进一步表明做好语言服务、开发语言经济价值的可能性和必要性。语言服务的经济价值问题需要引起相关部门和行业的关注。

5. 相关建议与对策

基于以上调查所反映的语言服务的相关问题和消费特点，在当前服务经济快速发展、文化消费日益频繁的新形势下，有必要引导和促进语言服务的生产和消费，规范和提升语言服务活动，发掘语言服务的经济价值，以此促进服务业发展，构建和谐语言生活。

5.1　加强对不同类型服务单位的语言服务管理

上述调查显示，大、中、小型服务单位在语言服务的行为和意识方面存在较大差距。因此，关注不同类型服务单位的语言服务状况，尤其是关注中、小型服务单位，对于提高整个服务行业的语言服务质量是必不可少的。大、中型服务单位需要在已有服务规范的基础上逐渐完善相关的语言服务规范和制度，中、小型服务单位在提高语言服务意识的基础上，逐步增加对员工的语言培训，提升员工的语言服务能力。相关职能部门需要将语言服务纳入服务行业管理体系中来，使语言服务逐步由隐性的服务行为变为显性的服务行为，加强对不同类型、规模服务单位的语言服务能力和行为的监督和管理。

5.2　逐渐完善语言服务能力标准和评价体系

调查表明，服务单位对服务人员的语言服务能力重视不够，尽管部分服务单位有一定的语言能力行业准入（招聘员工时有一定的语言能力水平要求），个别服务单位有评价服务人员语言能力的标准，但是就整个服务业来说，尚未形成系统、可操作的语言服务能力标准或评价体系。因此，相关语言研究和管理部门需要结合各服务行业的特点，加强语言服务能力标准和评价体系的研究与实施，规范语言服务行为和语言服务能力的评价标准。

5.3　关注多样的语言消费群体，多渠道开发语言经济价值

消费者的年龄、收入等个人因素影响到对语言服务的消费意愿，间接影响到语言消费行为。同时，不同语言背景的消费者也有不同的语言消费方式和消费需求。因此，作为语言服务的提供者，服务行业的各类服务单位要结合自身所经营、提供的核心服务内容，关注多样的语言消费群体，分析其语言消费的需求特点和方式，有针对性地开发适当的语言服务消费产品。例如，不同语种的语言服务消费（普通话服务、外语服务、方言服务、少数民族语言服务等），不同消费档次的语言服务产品，不同形式的语言服务产品（依附于其他服务项目的语言服务和独立的语言服务），等等。相关的语言研究和管理部门也可为服务行业、服务单位提供除了服务行为管理、服务能力标准制定之外的语言服务产品的开发设计支持，从而多渠道地开发语言经济价值，发展语言经济，促进社会发展和文明进步。

附注

1. 资料来源：南京市旅游局网。http://www.nju.gov.cn/lvhy/lvhy_lxs.html；http://www.nju.gov.cn/

lvhy/lvhy_fd. html。

2. 确定被调查单位的规模时，本文参考了《统计上大中小型企业划分标准》(国家统计局设管司，2003)，同时结合调查中对实际调查单位的了解和观察。
3. “其他”为没有必要进行规模划分的服务单位，如政府服务部门。因样本量过少，未进行数据统计分析。下同。
4. 调查中也发现，部分服务单位对内部员工有特定的普通话水平测试方法，但不同于国家普通话水平测试，如某大型商场，就有内部的普通话测试标准(据该商场服务中心工作人员反映)；又如某服装连锁店，也有对内部员工的普通话测试标准和方法(据店内员工介绍)。
5. “消费意愿”的概念借自经济学概念“支付意愿”，参见曼昆的《经济学原理》(第1卷)，梁小民译，第144—146页，生活·读书·新知三联书店、北京大学出版社，2001年第2版。
6. 能够接受较高级别的服务价格(例如“6%—10%”)的消费群体自然更能接受较低级别(如“5%以下”)的服务价格。因此，低级别服务价格的统计百分比是由高级别服务价格的统计百分比累积而成的。
7. 由于月收入为10000元以上的样本数量过少，不做统计分析。
8. “很不在意”的样本数量过少，不做统计分析。

参考文献

何自然　1997　《语用学与英语学习》，上海：上海外语教育出版社。

黄少军　2000　《服务业与经济增长》，北京：经济科学出版社。

江桂英　2010　《中国英语教育：语言经济学的视角》，厦门：厦门大学出版社。

李现乐　2010　语言资源和语言问题视角下的语言服务研究，《云南师范大学学报》第5期，16—21页。

李现乐　2010　语言资源与语言经济研究，《经济问题》第9期，25—29页。

李现乐　2011　《语言服务与服务语言：语言经济视角下的语言应用研究》，南京大学博士学位论文。

[美]曼昆　2001　《经济学原理》(第2版)，梁小民译，北京：生活·读书·新知三联书店。

莫在树　2008　语言经济学视角下的商务英语教育研究，《外语界》第2期，65—72页。

屈哨兵　2007a　语言服务现状的个案分析及相关建议与思考：以产品说明书语言服务状况为例，《绍兴文理学院学报》第3期，26—34页。

屈哨兵　2007b　语言服务研究论纲，《江汉大学学报》第6期，56—62页。

屈哨兵　2010　关于《中国语言生活状况报告》中语言服务问题的观察与思考，《云南师范大学学报》第5期，22—27页。

徐大明　2010　有关语言经济的七个问题，《云南师范大学学报》第5期，7—15页。

许其潮　1999　语言与经济：一个新兴的研究领域，《外语与外语教学》第7期，4—7页。

张卫国　2008　《语言的经济学分析：一个初步框架》，山东大学博士学位论文。

周端明　2005　语言的经济学分析框架，《江苏行政学院学报》第3期，31—35页。

Coulmas, F. 1992 *Language and Economy*, Oxford: Blackwell Publishers Ltd.

Grin, F. 2003 Language planning and economics. *Current Issues in Language Planning*, 1:1— 66.

Marschak, J. 1965 Economics of language, *Behavioral Science*, 10:135—140.

Vaillancourt F. 1983 The economics of language and language planning. In Donald M. Lanberton (Ed.), *The Economics of Language*. Northampton: Edward Elgar Publishing, 2002:9—24.

Investigation of Language Service in Service Industry of Nanjing

Li Xianle

Abstract Based on the current development of service industry, the research explores some questions concerning its language service. It investigates the language service in the service industry of Nanjing from the four aspects, namely, choice, style, investment and economic value of language service. The investigation shows that consumption desire of customers receiving language service is affected by their age, economic status and attention to the service. Their attention and diverse kinds of consumption desire demonstrate the important economic value of language service in modern society.

Key Words language service; service industry; language economy; language resources

（李现乐　扬州大学文学院）

学科建设

批评话语分析的社会语言学学科属性*

田海龙

提要 本文讨论批评话语分析的关键概念和学科特征，认为该学科在关注社会问题、对语言的认识以及受后现代主义思潮影响等方面，与社会语言学有相同或相似之处。文章提出，将批评话语分析归入社会语言学二级学科，是将其纳入我国学科体系的第一步。

关键词 批评话语分析；社会语言学；学科属性

讨论批评话语分析的社会语言学学科属性问题，是出于研究实践和理论探索的需要。就研究实践而言，越来越多的中国学者关注并进行着批评话语分析方面的研究，他们在项目申报、成果评审的过程中需要将自己的研究归属到一个相对合适的学科当中，而在已经确立的学科体系中选择这个相对合适的学科并非没有纠结。就理论探索而言，批评话语分析与社会语言学都是从形式主义语言学桎梏中挣脱出的、语言学与社会科学整合的交叉学科，探索它们之间的共性和区别，不仅可以进一步认识二者的特征，而且可以为批评话语分析归入社会语言学学科奠定基础。

1. 何为批评话语分析？

批评话语分析是语言科学与社会科学交融形成的一个学科（高一虹，2009）。正是由于这种双重学科的特征，学者对它的界定也众说纷纭。有的学者认为它不是理论，也不是方法，仅是一种视角（van Dijk，2009），有的学者认为它是一个流派（Wodak，2009），还有的学者认为它既是理论又是方法（Chouliaraki & Fairclough，1999）。然而在各种各样的标签后面，学者们都认同批评话语分析所具有的一些共同特征，如它采用语言学的研究方法，包括话语分析、社会语言学、人类语言学、系统功能语言学、认知语言学和语料库语言学的研究方法，通过对话语

* 本文为天津市哲学社会科学规划项目《批评话语分析在中国语境中的应用研究》部分研究成果，项目编号：TJWY11—026。

(discourse)这一社会实践的形式进行分析来研究各种社会问题(如种族歧视、性别歧视等问题),揭示语言运用中隐含的意识形态及体现的权力关系(如媒体报道的意识形态以及政治家与民众在话语权方面的不平等关系)。

1.1　概念系统

批评话语分析的这个概括性特征建立在它的一套概念系统上。这些概念包括:

1.1.1　话语

在批评话语分析中,"话语"这个概念有着自己的特殊含义,它不同于篇章语言学中"大于句子的语言单位"或"是语言单位与其他语言单位的联系"这样的含义,也不同于语用学中"在直接情景语境中的语言运用"这样的含义。它甚至不同于社会学中赋予"话语"的含义,如福柯(Foucault)所说的"话语"是指知识客体建构过程中相关的社会规约。在批评话语分析中,"话语"一方面指人们在社会生活中使用的语言(书面的和口语的),另一方面还包括人们运用语言的方式以及制约这些语言运用方式的规约;或者准确地说,是具体使用的语言与制约这些语言使用的因素共同构成的一个整体,二者彼此区别又相互联系,构成一个完整的关于话语的概念。在社会生活中,人们根据自己的社会地位、价值取向、交流对象、所在场合以及各自依托的组织和机构选择使用不同的词汇、句式、体裁、模式来传递信息、参与活动、构建身份、再现事实。所有这一切,构成了批评话语分析中关于话语的概念(参见田海龙,2009a;田海龙、程玲玲,2010)。在这个意义上,"话语"不可避免地与语言使用者以及不同语言使用者之间的权力关系和他们的意识形态联系在一起。这也是批评话语分析要关注"权力"和"意识形态"的原因所在。

1.1.2　批评

在批评话语分析中,"批评(critical)"的含义也被很专业地界定。"批评"作为一个专业术语,不是普通意义上的吹毛求疵,或是专门关注负面的东西。相反,"批评"在社会科学中尤其是在批评话语分析中被赋予很专业的含义。例如,"批评"被认为是:(1)要揭示话语与权力的关系,揭示话语中蕴含的意识形态意义;(2)这种揭示是很必要的,因为话语与权力的关系在话语中非常隐晦;(3)"批评"意味着话语研究者要对自己的立场进行反思,使其批评实践非常明确地反映自己的立场;(4)批评具有解放的性质,所以批评要注重效果,要导致社会现实的变革(Fairclough, 1989;Locke, 2004;Scollon, 2001;van Dijk, 1993;Wodak, 1999;Wodak, 2009)。

赵芃、田海龙(2008)将"批评"的这些含义浓缩为两个,即:(1)批评是对话语与社会辩证关系的探索;(2)批评是导致变革的社会实践。"批评"是对话语与社会辩证关系的探索,就是说批评话语分析要揭示话语、权力、社会之间的相互关系;同时,批评是导致变革的社会实践,这表明,"批评"在批评话语分析中不仅仅是停留在文字上,而且要付诸社会实践,一方面要以解决社会问题为目的,另一方面通过自身的话语实践消除社会的不平等,实现社会的变革。中西方文化对"批评"的理解和认同有着不同的人文思想发展轨迹(参见 Chilton, Tian and Wodak,

2010)，这使得受中国儒家思想文化熏陶的学生在理解批评话语分析时特别需要对“批评”这个概念有一个全面的认识。

1.1.3　跨学科

从“话语”和“批评”这些概念在批评话语分析中的特定含义来看，批评话语分析的跨学科特征已是非常明显。

首先，批评话语分析所说的“跨学科”表现为它在研究方法上的兼收并蓄。毋庸置疑，批评话语分析基于对文本的语言学分析，它所采用的语言学分析方法也多种多样，包括话语分析、会话分析、系统功能语言学、认知语言学、语料库语言学，等等。而且，批评话语分析还要在此基础上，对语言学分析所发现的文本特征从社会学、政治学、历史学，甚至哲学的角度进行阐释。

其次，批评话语分析的“跨学科”性还表现为它的研究课题的社会性。批评话语分析不是以建立某种理论模型为研究目标，而是以社会问题为自己的研究导向，而这些社会问题则是各种各样、五花八门的，包括种族歧视方面的问题，也包括性别歧视的问题，体现在新闻媒体的话语之中，也表现在政治家的演讲里面，涉及意识形态方面的问题，也涉及权力滥用的问题。这些问题表现在社会的各个领域，如学校、医院、法庭等等。所有这些，都突出了批评话语分析的“跨学科”性，也成为其“跨学科”的内容。准确地理解批评话语分析的“跨学科”性，需要了解批评话语分析的理论渊源(张宵、田海龙，2009)。

1.2　学科特征

从批评话语分析的这三个关键概念出发，我们可以把批评话语分析的特征表述为以下8点：

1.2.1　以社会问题为导向

观察批评话语分析“领军人物”费尔克劳(Fairclough)、沃达克(Wodak)和范戴克(Van Dijk)的研究，都可以清楚地看到这一点。范戴克在其学术自传中曾经谈到，他从篇章语言学发展到批评话语分析的原因之一就是出于对社会不公平的不满。他要借助话语分析的方法揭露社会的不公平和种族歧视。费尔克劳对新资本主义的关注以及沃达克对奥地利社会种族歧视的不满都是导致其从事批评话语分析的原因。

1.2.2　不以理论建构为终极目标

批评话语分析不以建立宏观理论为目标，这一方法论特征实际上与第一点相关联。批评话语分析家从社会实际问题出发，进行了无数的个案研究，涉及社会生活的各个领域，但仍然称自己是方法或视角(Fairclough, 1992; Fairclough & Wodak, 1997; van Dijk, 2009)；即使认为批评话语分析是理论，也是在分析方法基础上的理论建构(Chouliaraki & Fairclough, 1999:16)。

1.2.3　注重对研究对象的解释

批评话语分析的分析对象是话语，但是它的研究对象是话语与社会的辩证关系。因此，批评话语分析不仅注重对话语结构的描述，更注重对话语结构与社会结构相关性质进行解释。换言之，批评话语分析注重研究话语结构如何作用、确定或挑战社会中权力和统治关系以及如何使这种权力关系合法化(van Dijk, 2009)。完成这一任务，在方法论上就需要采用批判理论的对话/辩证的方法和建构理论的阐释/辩证方法，而不是实证主义的实验的、操纵的、对假设进行证实的量的研究方法。

1.2.4　注重对话语进行语言学分析

这里，话语是广义的，包括各种模式的符号。批评话语分析对这些话语语料的分析建立在坚实的语言学分析基础之上，包括运用社会语言学、人类语言学、系统功能语言学、认知语言学和语料库语言学的方法。在这方面，批评话语分析比社会科学领域里其他话语分析方法都更多地倾向于语言学。

1.2.5　是一种带着“态度”的话语分析

批评话语分析关注社会问题，尤其是关注话语在创造社会不平等过程中的作用。在这样的话语分析当中，批评话语分析家总是代表被压迫者和被统治者的利益。对此批评话语分析家从不隐讳，相反，他们公开宣称自己的社会政治立场，并为这种“偏见”感到自豪(van Dijk, 2009)。

1.2.6　强调对自己的研究进行反思

这种反思甚至是自我批判，包括对研究者所处机构立场的自我批判。例如，批评话语分析非常看重如何评价研究目的和研究结果，关心研究者与他们所分析的人的社会生活的关系，甚至考虑用什么样的语言著书和写论文。为了获得好的研究效果(促进社会变革)，Fairclough(2000)曾建议将研究结果用大众所接受的语言和形式发表。

1.2.7　注重研究对社会现实的改变

批评话语分析以社会问题为研究的出发点，而改变这些社会问题也就成为它的终极目标。这里，批评话语分析的研究被认为是一种社会实践，是对其他社会实践和社会关系的一种干预(Fairclough & Wodak, 1997: 258)。批评话语分析家对社会活动参与者的话语进行分析，研究结果以论文和著作的形式出版，形成“再创语篇/话语”(田海龙，2009b)，并以这些“再创语篇/话语”改变社会现实。

1.2.8　语料来自研究者根据研究内容选取的文本/话语

批评话语分析从社会科学汲取营养，形成多学科、跨学科乃至超学科的研究特点。但是，批评话语分析的核心是运用语言学的分析方法对文本/话语进行分析。这些分析语料的选择往往由研究者根据研究目的选取，或者根据社会问题中所含有的话语问题选取。

2. 学科问题

批评话语分析起源于英国东安格利亚大学福勒(Roger Fowler)等学者在20世纪70年代末进行的批评语言学研究。这些学者运用韩礼德(Halliday)的系统功能语法分析新闻报道中隐含的意识形态意义,开创了将语言学与社会学相结合的新的研究路径。经过三十多年的发展,批评话语分析已成为一个国际性的、跨学科的人文社会科学研究领域(Chouliaraki and Fairclough, 1999: 1)。就批评话语分析学派而言,布鲁马特(Blommaert, 2005)认为其领军人物是费尔克劳、沃达克、范戴克以及奇尔顿(Chilton)。在我国,批评话语分析也受到越来越多学者的广泛关注。例如,在中国知网(CNKI)上检索以“批评话语分析”(CDA)为主题的文章,可以发现1995—2000年期间有8篇与批评话语分析有关的文章,2001—2005年有39篇文章,2005年6月至2009年10月有70篇文章(田海龙,2009a)。在我国学者对批评话语分析的关注与日俱增的同时,批评话语分析的学科属性问题也进入了学者的关注视野。

在人文社会科学研究领域,目前还没有一个与批评话语分析研究特征相适应的备选学科。我国现在执行的学科分类国家标准是《中华人民共和国学科分类与代码国家标准》(简称《学科分类与代码》)。该标准经国家技术监督局批准实施,共设5个学科门类,58个一级学科,573个二级学科。语言学在该标准中设在人文与社会科学学科门类之下,为一级学科,下设普通语言学、比较语言学、语言地理学、社会语言学、心理语言学、应用语言学、汉语研究、中国少数民族语言文字、外国语言及语言学其他学科共10个二级学科。确定一个新的二级学科当然需要论证和批准,但是在操作层面面临的首要问题是,在申报项目时选择哪个二级学科比较合适需要在学界有一个共识。现在的倾向是,比较多的批评话语分析学者在申报国家社会科学基金项目和教育部人文社会科学项目时在二级学科一栏选填社会语言学。

类似的问题也发生在人才培养方面。在国务院学位委员会和教育部2011年共同颁发的《学位授予和人才培养学科目录》中,设有13个学科门类,在文学学科门类中有三个一级学科,分别为中国语言文学、外国语言文学和新闻传播学。在外国语言文学一级学科下的二级学科外国语言学及应用语言学中,一些学校设有批评话语分析研究方向,或者开设与批评话语分析相关的课程。这里虽然没有像申请研究项目时必须做出选择那样棘手的问题,但是学科的设置问题也成为学者关注的问题。例如,中国社会科学院的刘丹青教授和南开大学的石峰教授于2009年6月27日组织北京、上海、天津和香港的部分教授召开网络会议,探讨在本科生和研究生教育方面设立语言学一级学科的问题[1]。

实际上,不论在科学研究领域还是在人才培养方面,学科的划分与设置不是一个一成不变的问题。一方面,随着人们对世界(包括主观世界和客观世界)的认识不断深入,学科的区分也会越来越细;另一方面,由于研究对象的复杂,各学科需要相互借鉴,形成学科的整合与交叉。而且,作为一种具有规约性的社会实践,学科的划分与设置又是一种权力运作的结果,任何由此而生的“学科分类标准”或“学科目录”都不可避免地带有主观判断、与实际不能完全吻合的印记。基于此，我们可以看到，新的学科划分与设置始终是学者关心的话题。

例如，钱冠连(2008)认为，大学本科学科设置越细越要承担风险，而对学术研究对象的研究却不怕细分。换言之，他认为，在人才培养方面学科的划分与设置不应太细，而在学术研究方面，对研究对象的分类却可以细化。同样，在认可学科整合的前提下，刘大椿(2008)认为在学术研究方面应该提倡学科之间的交叉，并且呼吁进行学科整合，迎接交叉学科时代的到来。这些学者探讨新的学科分类的过程，如果没有一个具体的研究领域作为讨论的对象，就可能会把这个很有意义的讨论变为争夺制定标准"话语权"的社会实践。

3. 社会语言学学科属性

综上所述，与其泛泛讨论学科的交叉、整合或细分，不如以某个具体研究领域为基础，具体讨论它与某个相邻学科的区别和联系，讨论这个新的"学科"如何融入已有的学科体系，为实际的操作提供一些有用的借鉴。以此为出发点，下面我们讨论批评话语分析的社会语言学学科属性，为批评话语分析融入社会语言学二级学科提供一些佐证和依据。

在现有的学科体系中，与批评话语分析关系最近的应该是社会语言学了。《学科分类与代码》这个国家标准中的一级学科"语言学"下列出 10 个二级学科，从事批评话语分析研究一般不会选择普通语言学、比较语言学、语言地理学、心理语言学、应用语言学、汉语研究、中国少数民族语言文字、外国语言这 8 个二级学科为自己的归属；"语言学其他学科"恐怕也会因为太边缘而被排除。所以，在申报项目时，如果必须在这 10 个备选项中选择一个，那么社会语言学这个二级学科成为批评话语分析研究项目的归属就不足为奇了。

然而，批评话语分析具有社会语言学的学科属性并非是因为这样一个不得已而为之的选择。批评话语分析与社会语言学至少在以下三个方面有着相似之处。

3.1　研究对象

批评话语分析与社会语言学都是从语言研究入手关注语言与社会的联系，进而把社会问题作为研究的问题。在本文第 1 节对批评话语分析的简介中，我们看到批评话语分析不是以建立大理论为终极目标，而是以社会问题为研究导向，注重对语言/话语/文本进行分析，进而揭示语言与社会的关系。实际上社会语言学也非常重视个案研究，并通过不同的个案分析研究语言的不同成分与社会因素(包括阶级、性别、年龄、身份等因素)之间的联系。社会语言学家乌拉德(Woolard, 1985)曾经指出，社会语言学对社会科学知识有两个重要的贡献，一是认识到哪怕是最一致的社会中也存在明显的语言变体，再就是认识到这个变体是"真实"语言的重要且含义深刻的反映，而且是具有系统性的反映，值得认真研究。社会语言学认识到不同的人说话方式不同，相同的人在不同时间说话方式也不同，接下来社会语言学要研究的问题就是社会问题了。

在过去的近 20 年间，社会语言学与批评话语分析可以说是并驾齐驱，对许多社会学关注的问题进行了研究。例如，赫勒(Heller, 1995)对社会机构如何通过语言选择实施象征性控制

(symbolic domination)问题的研究;施福林(Schiffrin, 1996)通过分析犹太裔美国妇女讲述自己家庭中麻烦事情的故事时使用的语言,揭示她们如何建构自己在家庭中的地位以及如何显示自己作为母亲的社会身份。田海龙(2009b)对批评话语分析的重要学术期刊《话语与社会》(*Discourse and Society*,主编范戴克)第17卷(2006年、共6期)发表的28篇研究论文进行观察,发现研究的问题包括婚礼邀请问题中男性的权力、就职演说构建政治前途、警察询问话语中权力与抵抗的动态关系、出版物中个人资料构建身份等等。同样,观察社会语言学领域的重要学术期刊《社会语言学学刊》(*Journal of Sociolinguisrics*,主编卡普兰和贝尔 Nikolas Coupland & Allan Bell)第10卷(2006年,共5期)发表的21篇研究论文,发现研究的问题有日本男子使用语言的礼貌问题、英国女孩的身份建构问题、新加坡语言思想的符号性问题、微博中的语言变体与性别问题以及言语社区中等级身份的叙事学分析等等。可以发现,仅就研究的问题而言,批评话语分析和社会语言学已很难看出彼此之间的区别。

3.2 语言思想

在语言思想方面,批评话语分析与社会语言学也有很多"共同点"。所谓语言思想,即是有关语言信念的集合(Silverstein, 1979),是有关语言性质的共享的常识性概念的总和(Rumsey, 1990)。说批评话语分析与社会语言学有相同或相似的语言思想,是因为二者对语言的认识完全不同于20世纪主流语言学对语言的认识。索绪尔和乔姆斯基的语言学认为语言是一个抽象的、封闭的内在系统,与此不同,批评话语分析与社会语言学认为语言是语言使用者使用的实实在在的语言。语言使用者运用语言的不同成分来实现交流思想、构建身份或者再现事实的目的。在这方面,批评话语分析和社会语言学非常注重研究语言使用者对语言成分的选择问题。例如,批评话语分析的代表人物沃达克(2009)对种族歧视话语的批评性分析时,就非常重视分析话语制造者如何选择使用不同的话语策略来实施种族歧视。

在社会语言学领域,盖尔(Gal, 1998)对奥地利东部欧伯沃德小镇年轻妇女选择德语或匈牙利语情况的研究也是一个很好的例子。在欧伯沃德,匈牙利语象征着农民的社会地位,在日常生活中选择匈牙利语意味着与农民的牵连。而德语由于象征着工业化,在人们心中享有更高的威望和更正面的联想。盖尔注意到,这些年轻妇女极力选择象征工业化的德语进行交谈,不是为了适应交际对象的需要,也不是为了交际的成功,而是要通过语言选择来表明自己的思想意识,来代表自己向往的新的社会身份。库马斯(Coulmas, 2006)将社会语言的语言选择研究进一步系统化,指出选择是社会语言学的中心问题,社会语言学即是研究选择的语言学。

3.3 重视语言选择

批评话语分析和社会语言学对语言选择的重视,实际上预示了另一个共同之处:二者的语言思想都源于后现代主义的思潮。后现代是对现代性所声称的某些特点的重写。就语言研究而言,后现代主义追求语言研究的多视角,摈弃结构主义的一统天下;追求语言研究的动态特征,摈弃静态的、封闭的语言系统研究。后现代主义要求重新确立"意义观",认为意义是认知主体主动建构的结果，而不是靠系统内部的相互关系来实现和确定的某种实体或关系。

社会语言学对语言选择目的探索触及研究语言选择与选择者社会地位、思想意识及其所从事的社会实践的关系（田海龙、张迈曾，2007），与批评话语分析通过分析语言选择来实施话语的社会功能有着异曲同工之效果。许多文献（如 Chouliaraki & Faiclough，1999；van Dijk，2008；田海龙，2009b）都讨论过批评话语分析从社会科学中汲取养分、得益于社会科学研究（如福柯、拉克劳和墨菲）的问题，实际上，在语言选择研究方面，社会语言学也深深地烙有社会科学的印记，或许这正是因为二者都是语言科学与社会科学整合和交叉的产物。也正因如此，批评话语分析应该具有社会语言学的学科属性，归属于已经获得学科体系认可的社会语言学。

4. 结语

以上关于批评话语分析具有社会语言学学科属性的讨论，验证了一些学者将批评话语分析归于社会语言学的理论观点。例如，沃德劳夫（Wardhaugh，2006）在讨论社会语言学的"干涉主义"时就认为费尔克劳和范戴克的批评话语分析属于广义的社会语言学；费尔克劳（2000）也明确指出批评话语分析是广义的社会语言学的一个部分。然而，如果在操作层面将批评话语分析纳入我国的学科体系，赋予批评话语分析一个明确的学科地位，就不仅仅是一个理论层面的探讨，而是一个"话语实践"（Fairclough，1992）的问题，还要涉及权力、语言思想、兴趣取向等诸多问题。我们无意用"社会语言学"的标签约束住"批评话语分析"的发展，但也希望探索蓬勃发展的"批评话语分析"在中国学科体系中的位置。

附注

1. 见《南开语言学刊》2009 年第 2 期，第 172 页。

参考文献

高一虹　2009　社会语言学研究：作为知识增长点的"整合"，《中国外语》第 3 期，14—19、39 页。

刘大椿　2008　学科整合与交叉学科时代的到来，《中国外语》第 5 期，1，111 页。

钱冠连　2008　学科设置与研究对象的整合与细分，《中国外语》第 5 期，15—18 页。

田海龙　2009a　批评性语篇分析在中国：借鉴与发展，《中国社会语言学》第 2 期，1—9 页。

田海龙　2009b　《语篇研究：范畴、视角、方法》，上海：上海外语教育出版社。

田海龙、程玲玲　2010　"Discourse"的含义及其翻译，《燕山大学学报》第 1 期，68—72 页。

田海龙、张迈曾　2007　语言选择研究的后现代性特征，《外语学刊》第 6 期，8—12 页。

张宵、田海龙　2009　从批评性语篇分析的渊源看其跨学科特性，《天津商业大学学报》第 4 期，65—67 页。

赵芃、田海龙　2008　批评性语篇分析之批评：评介与讨论，《南京社会科学》第 8 期，143—147 页。

Blommaert, J. 2005. *Discourse: A Critical Introduction*. Cambridge: Cambridge University Press.

Chilton, P., Tian, H. and Wodak, R. 2010. Reflections on Discourse and Critique in China and the West. *Journal of Language and Politics*, 9(4): 489—507.

Chouliaraki, L. & Fairclough, N. 1999. *Discourse in Late Modernity: Rethinking Critical Discourse Analysis*. Edinburgh: Edinburgh University Press.

Coulmas, F. 2006. *Sociolinguistics: The Study of Speakers'Choices*. Cambridge: Cambridge University Press.

Fairclough, N. 1989. *Language and Power*. London and New York: Longman.

Fairclough, N. 1992. *Discourse and Social Change*. Cambridge: Polity Press.

Fairclough, N. 2000. Discourse, Social Theory and Social Research: The Discourse of Welfare Reform, *Journal of Sociolinguistics*, 4(2): 163—195.

Fairclough, N. & Wodak, R. 1997. Critical Discourse Analysis. In Teun. A. van Dijk (ed.). *Discourse as Social Interaction*. London: Sage Publicaitons. Pp. 258—284.

Gal, S. 1998. Peasant Men Can't Get Wives: Language Change and Sex Roles in a Bilingual Community. In J. Coates, (ed.). *Language and Gender: A Reader*. Oxford: Blackwell. Pp. 147—159.

Heller, M. 1995. Language Choice, Social Institutions, and Symbolic Domination. *Language in Society*, 4: 373—405.

Locke, T. 2004. *Critical Discourse Analysis*. London, New York: Continuum.

Rumsey, A. 1990. Wording, Meaning, and Linguistic Ideology. *American Anthropologist*, 92: 346—361.

Schiffrin, D. 1996. Narrative as Self-portrait: Sociolinguistic Construction of Identity. *Language in Society*, 25: 167—203.

Silverstein, M. 1979. Language Structure and Linguistic Ideology. In P. R. Clyne, W. F. Hanks, and C. L. Hofbauer (eds.). *The Elements: A Parasession on Linguistic Units and Levels. Chicago*: Chicago Linguistic Soceity. Pp. 193—247.

Van Dijk, T. A. 1993. *Elite Discourse and Racism*. Newbury Park, CA: Sage Publications.

Van Dijk, T. A. 2008. *Discourse and Context: A Sociocognitive Approach*. Cambridge: Cambridge University Press.

Van Dijk, T. A. 2009. Critical Discourse Studies: A Sociocognitive Approach. In R. Wodak & M. Meyer (eds.), *Methods of Critical Discourse Analysis (2nd edition)*. London: Sage publications. Pp. 62—86.

Wardhaugh, R. 2006. *An Introduction to Sociolinguisitcs (5th edition)*. Oxford: Blackwell.

Wodak, R. 1999. CDA at the End of 20th Century. Research on Language and Social Interaction. 32(1&2): 185—193.

Wodak, R. 2009. Critical Discourse Analysis: History, Agenda, Theory and Methodology. In R. Wodak & M. Meyer (eds.), *Methods of Critical Discourse Analysis (2nd edition)*. London: Sage publications. Pp. 1—33.

Woolard, K. 1985. Language Variation and Cultural Hegemony: Toward an Integration of Sociolinguistic and Social Theory. American Ethnologist, 12: 738—748.

The Sociolinguistic Disciplinary Attributes of Critical Discourse Analysis

Tian Hailong

Abstract This article raises the issue of the disciplinary attributes of critical discourse analysis (CDA). It first discusses CDA's key concepts and features, and then its shared disciplinary attributes with sociolinguistics in terms of their research questions, linguistic ideology, and impact from late-modernity thoughts. It is argued that CDA needs to be belonging to the set discipline of sociolinguistics as the first step to enter China's academic disciplinary system.

Key words　critical discourse analysis (CDA); sociolinguistics; disciplinary attributes

（田海龙　天津商业大学外国语学院）

商务印书馆 2012 年度语言学出版基金评选揭晓

2013 年 3 月 19 日，商务印书馆举行 2012 年度语言学出版基金评议会。经评议委员会专家评议并投票，方梅《浮现语法：基于汉语口语和书面语的研究》、完权《"的"的性质与功能》入选基金资助项目。

该基金设立于 2002 年，由商务印书馆斥资 100 万元，用于资助国内语言学著作的出版。每年年底评选一次，今年为第 11 届。凡获基金资助的著作，均列入商务印书馆"中国语言学文库"出版。

第八届中国社会语言学国际学术研讨会综述

郭　松

"第八届中国社会语言学国际学术研讨会"于2012年9月22日至23日在天津商业大学举行。本次会议由中国社会语言学会、天津商业大学联合主办，天津商业大学外国语学院承办。来自中国（包括香港、台湾地区）、韩国、美国等国家和地区的110余名专家学者参加了研讨会。陆俭明教授发来贺信。

会议召开之前，中国社会语言学会进行了换届选举，教育部语言文字应用研究所研究员苏金智当选为学会会长，邵朝阳、周洪波、汪磊、田海龙当选为副会长，郭龙生为学会秘书长。

会议主题为"全球化背景下的中国语言生活"，议题包括：语言使用、话语与社会变迁、语言选择与身份构建、方言接触与人口流动、语言创新与网络渗透、城市化进程中的语言生活等等。

22日上午，中国社会科学院原副院长江蓝生研究员和教育部语言文字应用研究所陈章太研究员分别作了大会主旨报告，他们从不同的视角阐述了字母词与现代汉语的规范化问题。

1. 字母词与现代汉语的规范化

1.1 字母词的产生使用和发展变化

江蓝生研究员追溯、分析了字母词的身份，认为中西合璧式字母词可以看作汉语词汇系统中特殊的一类。社会的发展和变化促使语言产生变异，在全球化、信息化时代背景之下，字母词的出现和使用有其必然性、合理性。字母词本身的简洁性和通用性能提高交际的效率，在语言使用中容易被传播应用。不过，与汉字不同，字母词属西文字母，不具直观的表意性，在大众层面认可度低，难以普遍使用。如任其滥用，将会对阅读造成极大的障碍，也会有损于国家通用语言文字的正确使用。所以，一方面不能一概禁止字母词的使用，另一方面又要对它的使用加以必要的规范和引导。

为了尊重语言事实和语言规律，《现代汉语词典》第6版的编纂者本着"通用性"和"稳定性"原则，依据使用频率以及跟人民生活工作相关度等标准，选收了239条字母词。面对社会上出现的"汉字落后论""汉语危机论"等反对声音，江蓝生指出，不应该把语言的纯洁性绝对化，而是应该以开放的心态，积极引进和吸收其他民族有益的优秀文化，在借鉴吸收中注意保持和发扬本民族文化的特质。

江蓝生认为，字母词在汉语里的使用既不会完全终止，也不会过度泛滥。这是因为，一方面政府部门出台相关管理条例、规定，对字母词的使用进行科学、有效的规范和引导；另一方面，语言自身具有淘汰机制，大浪淘沙，凡是无法进入大众日常生活和工作层面的字母词，最终必将衰落，被社会淘汰。专业性很强的字母词只通行于专业内部，不会干扰大众语言。对待进入汉语的字母词，我们应该抱着开放的心态，在应用中吸收适用的，淘汰不适用的。

1.2　社会语言生活与字母词的关系

教育部语言文字应用研究所陈章太研究员指出，字母词的出现是社会语言生活变化发展的结果，是语言进化的重要体现。有些字母词已进入中国的社会生活，并融入汉语乃至少数民族语言的语言生活，在语言交际中发挥积极的作用。随着我国国际交流的不断扩大，现代汉语的字母词还可能有所增多。在吸收新词语并加强语言规范化中，字母词是无法否定或回避的。

《现代汉语词典》第 6 版收录字母词，贯以“西文字母开头的词语”栏目，附在正文后面，逐条详注。这既贯彻了《国家通用语言文字法》的有关规定，又反映了社会语言生活的变化发展，方便读者查阅，符合开放社会的需要，是语文工具书的一种进步，体现了科学性、严谨性、规范性和实用性。

此外，汉语词典收入字母词，不会也不可能影响汉语的健康发展。就语言规律而言，现代汉语对外来词语有很大的包容、净化能力，而社会语言生活也有自我调节的功能，对字母词及其使用，也会遵循社会约定性去调节。

陈章太认为，字母词及其使用的总原则应是“顺乎自然，因势利导，监测规范”。对字母词进行规范是否恰当，主要取决于遵循什么样的语言观，是坚持变革创新的语言规范观，还是固守陈旧的语言纯洁论。对字母词的认识和规范，还涉及深层次的文化、观念、心理、习俗等因素。因此，社会热议字母词，说明学术界和相关部门需要进一步普及语言政策法规以及语言学和语言规范化等方面的知识。

23 日下午，主旨报告的 3 位发言人是北京语言大学党委书记李宇明教授、美国马里兰大学周明朗教授和中国社会科学院周庆生研究员。他们发言的主题分别涉及语言规划、语言秩序与语言市场、少数民族语言的挑战和机遇。

2. 语言规划中的若干新理念

北京语言大学李宇明教授高屋建瓴，从政府语言文字工作长远规划和语言学学者的学术视野两个视角，聚焦中国语言规划中的一些新理念。

2.1　研究语言与认同的关系

从语言规划的角度着眼，需要研究语言认同与民族认同、地方认同的关系，语言认同与国家认同的关系。根据认同关系的研究成果，处理好国家通用语言与少数民族语言、汉语方言、外国语言之间的关系，在汉族地区提倡“双言生活”，在民族地区大力开展双语（包括多语）教育，实行双语生活。

2.2　为中国城市化进程中的语言问题求解

城市化产生大量的新市民和进城务工人员，农民的语言生活与市民的语言生活有很大不同，需要对他们进行专门的语言培训和指导。城市语言规划主要包括城市主要使用的语言、对新老市民语言新生活的指导、为特殊群体提供语言服务以及本地文化特色在城市建设中的传承等。

2.3　关注语言协调问题

构建和谐语言生活，重点是做好有关语言的各种协调工作，处理好语言关系。比如：普通话与汉语方言的关系，民族语言之间的关系，国家通用语言与民族语言的关系，中国语言与外语的关系，本土汉语与海外华语的关系，汉字文化圈的语言协调问题，汉语国内推广与国际传播的语言工作协调，汉语国际传播与中国民族语言国际传播的统筹考虑等等。

2.4　重视语言信息化问题

信息化为人类构造了一个与现实空间密切关联的虚拟空间，产生了虚拟空间的语言生活。我们需要通过软硬件打造一个适合中国人的虚拟空间，同时更需要规划虚实两空间的语言生活。中国走向世界，可能首先是中文网络走向世界，中文网络带动中国语言、中国文化、中国观念、中国创造的知识走向世界。因此，中国的语言规划必须充分重视语言信息化问题。

2.5　建立国民语言能力标准

当前，中国正在由人力资源大国向人力资源强国发展，语言能力在人力资源中具有基础性的地位。语言是人类用于交际和思维的最为重要的符号体系，语言能力决定着信息表达与信息获取的能力。语言文字是文化的重要组成部分，亦是文化的重要载体，语言能力决定文化水平，关乎语言社团的认同。有了一定的语言能力，母语才能延续和发展，民族之间才能相互理解与团结，外语才能引进和使用，各种语言资源才能掌控和继续创造。语言能力在人力资源强国建设中具有重要意义，制定语言能力培育规划迫在眉睫。

3. 少数民族语言与市场经济

3.1　语言秩序与语言市场

美国马里兰大学周明朗教授关注了过去 30 年来中国的经济改革和经济全球化对中国语言秩序与语言市场的冲击，及其对少数民族地区汉族学生的语言价值观和语言使用的影响。语言秩序是国际社会、国家或社区中多种语言之间制度化的等级关系。视获得资源的多寡，语言可以分为超级语言、区域语言和地方语言。一般而言，语言的等级越高，就越具有价值。对说话人而言，首先要有可以把语言能力转化为语言资本或语言商品的语言市场，才有可能兑现语言的价值。有选择时，说话人会选择合适的语言市场去兑现；没有选择时，说话人被迫进入现存的语言市场去兑现。

语言市场可分为四个层次，即单个语言市场、大语言市场、国家语言市场和国际语言市场。语言具有物质价值和非物质价值，因此语言使用者具有相应的语言的物质价值观和语言的非物质价值观。藏族和维吾尔族地区汉族学生的语言价值观和语言使用的变迁很好地佐证了 30 年来语言市场和语言价值观在经济改革和全球化的作用下的演变过程。

3.2　少数民族语言在市场经济中的挑战和机遇

中国社会科学院周庆生研究员探讨了中国少数民族语言在经济全球化进程不断加快、中国社会发生重要转型时期所面临的五大挑战和五大机遇。

五大挑战包括少数民族语言社区缩小、市场竞争对少数民族文字出版带来挑战、人口流动对朝鲜语言保持和双语教育形成冲击、高校分配制度改革对蒙古语言教育造成影响、境外势力的竞争和渗透。五大机遇是:国家出台少数民族语言文字新文件;国家推进少数民族语言文字信息化规范化建设;政府组织抢救濒危语言;双语诉讼审判拉动对双语法官的需求;国际贸易催生跨境小语种热。

4. 会议特点

会议期间,各小组与会学者还报告讨论了语言选择与认同、语言规划与政策、话语分析、网络语言、语言教育、城市语言、民族语言等专题。总体而言,会议呈现出以下四大特点:

4.1　以全球化的视野考察中国语言生活的现状、问题以及发展趋势

北京大学高一虹教授带领她的课题组进行了“跨文化志愿者的语言态度、民族与国际身份认同”的专场报告,受到了众多与会者的关注。该课题以北京奥运会、上海世博会、广州亚运会、深圳大运会志愿者为样本,考察以大学生为主体的志愿者对“世界英语”的态度,以及英语使用中的民族与国际身份认同。

4.2　以实证研究为主,兼有一些理论建设方面的探讨

一些学者关注当前社会语言生活中的热点、难点问题,如前述字母词问题、“《现汉》风波”事件等研究。其他热点话题还包括农民工语言生活问题,如王玲的《农民工子女在城市的语言适应研究》、夏历的《北京、南京、沈阳三个城市农民工语言状况对比研究》等;城市化进程中的语言生活问题,如陈立平的《从双言到双语——常州市民城市化进程中的语码选择》、李伟的《山西省都市语言使用状况调查研究》等;新时期民族语言所面临的问题与挑战,如姚春林的《藏汉双语社区藏语文使用及态度研究》、刘宏宇和李雅的《语言市场视野下的察布查尔县锡伯族双语现象》等。

4.3　话语分析异军突起

本次会议上采用话语分析理论框架的文章多达 20 余篇,越来越多的话语分析学者加入到社会语言学研究行列中,其研究成果受到了社会语言学界的肯定和重视。同时,关于批评话语分析与社会语言学关系的问题也受到与会学者的关注。田海龙教授的《关于批评话语分析的社会语言学学科属性的思考》,从研究实际和理论探讨两个层面,剖析了批评话语分析的社会语言学学科属性问题,认为将话语分析纳入社会语言学研究领域,一方面可以拓展社会语言学的研究范围,另一方面又可以进一步丰富社会语言学的分析手段和方法。这一观点引起许多

学者的共鸣。

4.4　与会者学术背景多样化，有助于不同学科之间的对话

此次大会除了有来自汉语学界、外语学界、少数民族语言学界的学者，还吸引了传播领域、语言信息处理领域的学者前来参会。不同的学术背景提供了看待事物的多元视角，更有利于激发思想的火花。在当代社会，学科间严格的分界逐渐被打破，呈现出更多的流动性和渗透性，跨学科、超学科研究成为学科发展的重要助推器。

（郭松　天津商业大学）

商务印书馆举办“2013中青年语言学者沙龙”

2013年1月24日，由商务印书馆主办的“2013中青年语言学者沙龙”在馆礼堂举行，此次沙龙的议题为“数字化时代的语言学”。清华大学计算机科学与技术系孙茂松教授、哈尔滨工业大学计算机学院刘挺教授、中国社会科学院语言研究所顾曰国研究员、北京大学中文系袁毓林教授在会上分别做了题为《借助于互联网的汉语研究及应用》《社会计算环境下的语言技术》《多模态语料库与语言研究》和《徜徉在应用需求和学理探究之间——数字化时代语言研究的困惑和蜕迁》的主题发言。

商务印书馆总经理于殿利、北京语言大学党委书记李宇明在会上致辞。石锋、杨永林、张维佳、丁崇明、魏晖、王建勤、华学诚、苏金智、张全、罗自群等围绕议题进行了研讨。中国社会科学院语言所副所长刘丹青做了总结性发言。来自中国社科院语言所、教育部语用所、中科院声学所、北京大学、清华大学、北京师范大学、北京语言大学、中央民族大学、中国传媒大学、首都师范大学、北京邮电大学、南开大学等高校和科研机构的51位专家学者出席了此次沙龙，另有20余位研究生旁听了会议。

商务印书馆“中青年语言学者沙龙”于2006年开始举办，已成功举办八届，每届议题均具有时代性和前沿性，在中青年语言学者中的影响不断扩大。

（商务印书馆）

致 谢

2012年上半年度，曹志耘、陈新仁、丁崇明、丁石庆、董洁、高一虹、郭骏、郭龙生、贺阳、汲传波、刘芳、鲁子问、罗昕如、宁继鸣、田海龙、汪磊、谢朝群、谢俊英、徐杰、徐世璇、杨海明、杨永林、余光武、战菊、张卫国、张振兴、郑梦娟、周燕（按姓名拼音排序）应邀担任本刊审稿专家，各位审读认真，工作辛苦，效果显著。值此，编辑部谨表示诚挚的谢忱和崇高的敬意！

《中国社会语言学》编辑部

2012年6月